山东省社会科学规划研究项目"数字经济下山东省城市
及优化策略研究（22DGLJ23）"

U0592817

经管文库·管理类
前沿·学术·经典

西部典型城市创新效率及其提升路径

INNOVATION EFFICIENCY AND ITS
IMPROVING PATH OF CHINA WESTERN
TYPICAL CITIES

牛秀红　刘海滨　刘　丹　著

经济管理出版社
ECONOMY & MANAGEMENT PUBLISHING HOUSE

图书在版编目（CIP）数据

西部典型城市创新效率及其提升路径/牛秀红，刘海滨，刘丹著．—北京：经济管理出版社，2023.1

ISBN 978-7-5096-8941-7

Ⅰ.①西…　Ⅱ.①牛…②刘…③刘…　Ⅲ.①城市建设—国家创新系统—研究—西南地区②城市建设—国家创新系统—研究—西北地区　Ⅳ.①F299.27

中国国家版本馆 CIP 数据核字（2023）第 022157 号

组稿编辑：赵天宇
责任编辑：赵天宇
责任印制：黄章平
责任校对：王淑卿

出版发行：经济管理出版社
　　　　　（北京市海淀区北蜂窝 8 号中雅大厦 A 座 11 层　100038）
网　　址：www.E-mp.com.cn
电　　话：（010）51915602
印　　刷：唐山玺诚印务有限公司
经　　销：新华书店
开　　本：720mm×1000mm/16
印　　张：10
字　　数：151 千字
版　　次：2023 年 2 月第 1 版　　2023 年 2 月第 1 次印刷
书　　号：ISBN 978-7-5096-8941-7
定　　价：88.00 元

前　言

　　城市创新是国家创新的重要组成部分，创新型国家目标的实现和国家创新体系的构建需要创新型城市的建设和推动。本书以西部典型城市为研究对象，从系统要素、创新环境、运行过程和运行机制等方面对其创新系统进行了分析，通过对比发现，西部典型城市在其创新中存在的问题；从创新价值链的角度将城市创新活动分为技术研发和经济转化两个阶段，结合网络和超效率 DEA 方法构建关联两阶段超效率 DEA 模型（TSS-DEA），并对 2011~2015 年西部典型城市创新效率进行了评价和对比分析；综合已有研究成果、西部典型城市创新效率计算结果及其影响因素分析结果，通过因子分析筛选出 15 个西部典型城市创新效率影响因素，并将其划分为创新环境、创新主体特征和创新交流三个类别，利用偏最小二乘结构方程法（PLS-SEM）构建西部典型城市创新效率影响因素路径模型，分析了其影响机理；构建了西部典型城市创新路径选择的系统动力学模型，选取创新环境、创新主体特征和创新交流三方面的关键因素构建路径方案，通过仿真预测不同路径下创新成果和创新产值变动量；基于样本的 Q 型聚类分析对西部典型城市进行了分类，从创新效率、创新环境、创新主体特征、创新交流等方面对这些城市的发展进行了分类分析，并分别给出了各类城市提升创新能力和创新效率的路径和建议。

目　录

第一章　绪论

本章阐述了研究背景，分析总结了国内外相关研究的进展及存在问题，在此基础上确定了研究内容，提出了研究思路和方法。

第一节　研究背景

创新是社会经济发展的引擎，创新水平高低决定着一个国家或地区的综合竞争能力。美国、欧盟和日本等发达国家和地区早已将创新作为本国制定经济计划和发展战略的核心，鼓励技术创新，通过大力扶持本国高新技术产业的发展，促进经济发展。例如：美国推出的国家制造创新网络计划，旨在建立起全美产业界和学术界间有效的制造业研发基础、解决美国制造业创新和产业化的相关问题；欧盟推出的"地平线2020"计划，其主要目的是整合欧盟各国的科研资源，提高科研效率，促进科技创新，推动经济增长和增加就业；日本实行的科学技术基本计划，其目标是通过创造独特并且优秀的科学技术，拓宽日本的未来。这些发达国家通过将科技创新提升到国家战略的方式，不断提高其创新能力。

我国是世界上最大的发展中国家，与发达国家相比，技术创新能力相对薄弱。2006年，在召开的全国科学技术大会上，提出自主创新、建设创新型国家战略，并颁布了《国家中长期科学和技术发展规划纲要（2006—2020年）》（以下简称《纲要》）。《纲要》指出，我国将充分结合区域经济和社会发展的特色和优势，统筹规划区域创新体系和创新能力建设。深化地方科技体制改革。促进中央与地方科技力量的有机结合。发挥高等院校、科研院所和国家高新技术产业开发区在区域创新体系中的重要作用，增强科技创新对区域经济社会发展的支撑力度。加强中、西部区域科技发展能力建设。切实加强县（市）等基层科技体系建设。随着《纲要》的贯彻实施，我国在创新环境和科技基础设施建设、科技创新和应用等方面取得了较大进展。2017年10月18日，习近平同志在党的十九大报告中指出，创新是引领发展的第一动力，是建设现代化经济体系的战略支撑。要瞄准世界科技前沿，强化基础研究，实现前瞻性基础研究、引领性原创成果重大突破。为我国进一步推进创新型国家建设指明了方向。城市创新是创新型国家建设的重要组成部分。目前，我国共有338个地级以上城市，这些城市贡献了60%以上的经济总量和80%以上的税收总额，占有90%以上的大学和科研资源。因此，创新型国家建设离不开创新型城市建设。

在创新型城市建设中，我国各级政府和部门已出台了多项政策，采取了多项措施。2006年，中共深圳市委、深圳市人民政府颁布了《中共深圳市人民政府关于实施自主创新战略建设国家创新型城市的决定》，随后其他省市也陆续提出了适合自身发展的创新型城市建设方案和战略，在全国范围内形成了创新型城市建设的氛围。2008年，国家发展和改革委员会批准深圳成为首个国家创新试点城市，两年后再次批准16个城市成为试点城市。2010年1月，科技部批准了第一批国家创新型试点城市20个；2010年4月，批准了第二批国家创新型试点城市18个；2011年5月至7月，批准了第三批国家创新型试点城市4个。目前，很多创新型试点城市在创新型城市建设中已经取得了突出成就。

在我国西部地区，由于地理位置、资源条件和历史发展等原因，很多城市发展缓慢，经济欠发达，基础设施落后，创新能力不足。近年来，国家先后制定出台了西部大开发、"一带一路"等重大发展倡议和决策，大力促进和推动西部地区的发展。在国家发展和改革委员会及科技部批准的46个创新型试点城市中，西部地区的城市就有16个。在《中国城市创新报告（2015）》中，19个副省级（含）以上城市创新能力综合测评排名中，西部城市重庆排在第6位，成都和西安分别排在第14位和第17位；地级城市创新能力综合测评前100名中，西部城市仅有6个，且排名相对靠后，大多数西部城市距离建设成为创新型城市的目标尚有很大差距。西部地区城市创新系统在创新要素、创新基础等方面与东部地区城市相比存在较大差距。在此背景下，如何利用西部地区的比较优势，充分考虑西部城市的区域特点和发展特征，找出适合西部地区城市创新发展之路，不断提高西部城市创新发展效率是实现西部地区城市快速、持续发展的必然选择。

第二节　研究现状

一、城市创新系统研究

1. 城市创新系统内涵研究

国内外学者对于城市创新系统的定义继承了区域创新系统的很多观点，但都在区域范围界定上以城市为中心，这种地理上的界限对于城市创新活动有促进作用。关于城市创新系统内涵的界定总结如表1-1所示。

表1-1　城市创新系统内涵的主要观点

作者	主要观点
James Simmie[1]	从地理范围和经济聚集视角提出城市创新系统是企业、产业、高层次人员、知识和技术、交流联系这五个方面因素聚集的结果
Peter Hall 和 Mark Tewdwr-Jones[2]	分析了大量城市发现创新能力较好的城市具有的共同特点，城市正在转型从而吸引了大量的资源，形成了新的城市系统，认为城市创新系统的构建决定于时机
赵黎明和冷晓明[3]	城市创新系统是在围绕城市的区域范围中创新活动的主体、主体之外的其他要素以及在要素之间起到中介作用的制度政策等相互关系而构建的社会经济系统。创新主体一般包括政府、企业、高校、科研机构和服务机构等，主体之外一般包括创新的基础设施、资源等
隋映辉[4]	城市创新系统是企业的聚集和知识的扩散形成的效应和城市自组织体系相互作用而构成的生态系统。创新相关企业的聚集反映城市发展规模，创新的扩散可以反映城市的综合能力，这两方面是创新发展的关键
张辉鹏和石嘉兴[5]	城市创新系统表示城市内部进行创新活动的政府、企业、高校科研机构等组织通过相互作用和相互关系而形成的一种社会网络系统
张德平[6]	城市创新系统由进行技术创新的相关组织机构构成，这些知识主体相互之间进行知识和技术的交流，形成创新知识和技术的集聚和扩散。城市创新系统的核心驱动即为创新，目的是促进城市的经济和社会发展
刘嗣明和徐敏[7]	依据城市创新的产出成果，城市创新系统可以看作是创新投入、创新支撑和创新产出三个方面下聚集要素的作用集合，创新系统能力受三种能力的共同影响
谢科范等[8]	基于城市活力理论，认为城市创新系统是由城市经济基础、研发能力、文化环境和技术研发四个方面支撑起来的结构系统

结合国内外学者对城市创新系统概念的定义，可以将城市创新系统的内涵界定为：城市创新系统是在城市范围内的创新活动发起者、参与者、创新活动影响或者被影响要素以及所有要素之间关系的集合。

2. 城市创新系统结构研究

区域创新系统结构是指构建区域创新系统的组件之间互动及联结的方式[9]，城市创新系统的结构与其相同。学者们依据研究的重点，将不同的因素作为城市创新系统的核心所构建的系统结构也就各不相同，同样使用创新系统构成因素的不同划分方式也会构建出不同结构的城市创新系统。赵黎明和冷晓明（2002）[3]从城市技术研发主体组织的创新行为、组织之间的联系和联结、城市与外部区域之间的沟通、城市创新基础和创新投入产出效率五个方面构建了城市创新系统的空间结构。唐启国（2004）[10] 将城市创新系统划分为六个子系统，其中技术研发系统、企业创新系统和研发成果扩散系统是主体，教育支撑系统、宏观调控系统和中介系统是支撑，城市创新系统就是一个为这些创新活动的主体、主体之外的其他要素以及在要素之间起到中介作用的制度政策等相互关系而构建的网络系统。张立柱和隋映辉（2006）[11] 指出城市创新系统的主体由企业、政府、大学与研究机构、教育培训及中介机构组成，并从创新主体的角度构建了城市创新系统的框架模式。赵继军和胡兆霞（2010）[12] 采用代理的建模方法构建了以企业、大学、研究所、服务业和政府部门为代理的城市创新系统网络，并构建了动态模型。

3. 城市创新系统运行研究

国外关于城市创新系统运行的研究更多关注区域创新过程。Nelson（1996）[13] 认为，无论是从微观层面追求利润的企业还是中观层面追求经济增长的区域来说，都需要进行资源的投入以实现创新和获得创新收益，因此区域的创新过程是一个投入-产出的过程，也是创新行为主体互动与相互合作、协同创新的过程。

国内学者赵黎明和李振华（2003）[14] 将城市分为增长和创新两个了系统，并利用系统动力学理论方法构建了城市创新系统模型进行系统要素作用的分析；张辉鹏和石嘉兴（2004）[5] 以三元行为主体为核心，构建了城市技术创新系统模型，分析了创新运作的过程和最优状态，提出了创新的宏观调控作用、技术转化为经济效益、企业发展和城市社会进步是创新系统的四大运行机制；隋映辉和付大伟（2003）[15] 将城市创新系统的运行解释为知识的传递，根据知识传递形式的不同可以将城市创新系统地分为不同的运作模式；张省和顾新（2012）[16] 引入系统动力学的基本原理和方法，构建了城市创新系统动力机制模型，从动力机制运行的一般过程出发，对城市创新系统动力机制构建了一个直观的、线性的和闭合的回路过程，并从锁定、内卷和涨落三个过程分析了城市创新系统的演进。

二、创新效率评价研究

随着创新理论的发展和对区域/城市创新研究的不断深入，针对创新评价的实证文章大量出现。从现有文献看，国内外学者从不同角度运用不同方法对不同的区域进行与创新有关的评价，如创新能力比较、运作模式评价、体系成熟度测算、研发回报率计算等。尽管在评价内容、概念定义上有一定的区别，但总体可归结为两类：一类是构建综合评价指标体系对区域创新能力的评价；另一类是从投入产出角度对区域创新效率的评价。

在创新效率实证研究中，余泳等（2015）[17] 运用因子分析法测度了中国30个省市的高技术产业创新效率。张铁山和肖皓文（2015）[18] 同样利用因子分析法研究了中国制造业的技术创新能力和效率。Fritsch 和 Lukas（2001）[19] 研究欧洲区域创新体系质量时，运用知识生产函数进行了效率评价。王海盛和郑立群（2005）[20] 利用生产函数测度了区域在运用和配置资源、实现技术创新方面的效率。余冬筠（2011）[21] 运用随机前沿方法对中国30个省级地区创新生产效率进行了测算。龚雪媚等（2011）[22] 基于柯布-道格拉斯生产函数和随机前沿方法对中国区域创新效率进行了分析。

在创新效率的实证研究中，多数学者采用数据包络分析法（Data Envelopment Analysis，DEA）。在最初阶段，学者们将区域创新看作一个整体系统，并不考虑其内部创新活动运行过程及系统结构，选择投入产出指标利用 DEA 方法测算创新效率。刘顺忠和官建成（2002）[23]、官建成和何颖（2005）[24]、孙凯（2008）[25]、白俊红等（2009）[26] 均利用 BBC 或者 CCR 模型对中国区域创新效率进行了测算评价。郭淡泊等（2012）[27] 运用 DEA 模型测算了39个国家的创新体系效率。林佳丽和薛声家（2008）[28] 基于 DEA 超效率模型对广东省各市的科技创新效率进行了评价。徐小钦等（2009）[29]利用与 Malmquist 指数结合的 DEA 方法测算了重庆市的创新效率。孙红兵和向刚（2011）[30]运用 DEA 方法测算了 30 个省会城市及直辖市的城市创新系统创新效率。随着对创新活动的深入研究，部分学者开始对创新过程进行细化，并通过划分阶段来研究。官建成和陈凯华（2009）[31]对中国高技术产业的创新活动分阶段测算了技术效率。陈伟等（2010）[32]将区域创新划分为两阶段，并利用链式网络 DEA 对中国省域创新效率进行了评价。李邃等（2011）[33]运用规模报酬可变的链式关联网络 DEA 模型对江苏省各市的区域创新的阶段效率和整体效率进行了测算，并得到了阶段效率的关联系数。吴美琴等（2016）[34]从创新价值链角度将区域创新系统划分成三个阶段并运用网络 DEA 方法测算了效率值。

三、创新影响因素研究

创新的发展受到创新系统内外各种因素的影响，国内外学者分别从国家、区域层面等对创新影响因素及影响机制展开了研究。

1. 国家层面创新影响因素研究

国外学者 Furman 等（2002）[35]在研究国家创新系统时，通过对 17 个经济合作与发展组织（Organization for Economic Cooperation and Development，OECD）和国家 24 年的统计数据进行分析之后认为，创新能力的影响因素可以归纳为区域内对于创新的基础支撑、企业集群构建的基础环境和两者之间的交流。在 Furman 等研究基础上，Hu 和 Mathews（2005）[36]对"亚洲四小龙"（韩国、中国台湾地区、中国香港地区和新加坡）技术赶超国进行了实证研究，得出了基本类似的结论，但他们在前人研究基础上又分析了公共研发支出对于创新能力的影响，实证分析得出在技术发展尚不发达的国家中政府和科研院所对于创新的作用较大的结论。2009 年出版的《牛津创新手册》中指出国家之间创新能力的差异是由 R&D 人力、经费投入、知识产权的保护力度、国际贸易开放度、私人部门

R&D 活动的比例、技术产业化程度和国家的知识存量等因素的差异决定的[37]。Natario 等（2011）[38] 通过对欧洲国家创新影响因素的分析认为政府机构效率、社会文化价值观念和创新组织机构是影响国家创新效率的主要因素。

国内学者郭淡泊等（2012）[27] 通过对全球 39 个国家和地区的创新效率进行计算比较，研究了国家创新效率的影响因素，指出发达国家和发展中国家影响因素的影响有很大不同。张杨等（2015）[39] 对金砖国家创新能力进行分析，证实一个国家的知识产权保护程度、专利存量、研发补贴水平、信息技术资本等均对国家的创新效率提升有着显著的正向促进作用，科技与生活质量及科技重要性的认知对于提升国家的创新效率有着显著的推动作用。魏守华（2008）[40] 在 Furman 等研究的基础上对其国家创新能力框架进一步深化，突出了国际技术溢出的吸收能力对于创新的影响作用。李盛竹和马建龙（2016）[41] 对中国创新能力影响因素进行仿真模拟，验证分析了国家政策（税收政策、知识产权保护政策）、人力资源投入（科技人员总量、企业科技人员）和科研资金投入（国家财政性科技支出、企业科技投入）这三个方面的因素对创新的影响。

2. 区域层面创新影响因素研究

李习保（2007）[42]、李婧等（2009）[43]、陈晶（2011）[44]、谭俊涛等（2016）[45] 均以中国省区作为分析区域，分别通过随机前沿法、投入-产出方法、GIS 分析技术等对中国国内省区创新因素的研究对比得出影响创新的重要因素。倪鹏飞等（2011）[46] 选择世界范围内 400 多个城市进行实证分析，构建了创新系统影响因素和作用模型，最终得出创新行为组织主体、创新城市基础、产业环境、创新平台建设、城市外部交流和政策均对城市科技创新能力有着直接或者间接影响。郑琼洁等（2011）[47] 基于东北亚 155 个城市的统计数据，构建了影响机理模型对影响东北亚城市科技创新能力的政府管理、文化环境和经济环境三大要素进行了探讨，认为其中对科技创新作用最大的影响因素是经济环境，其次为政府管理。王俊松等（2017）[48] 选取中国地级市进行城市技术创新空间特征和影响因素分析，分析认为政府支持、高等教育资源、创新投入、经济外向度、工业基础是影响城市技术创新能力的重要因素。

吴先慧等（2011）[49]、颜莉和张军（2011）[50]、刘丽辉和陈晶瑛（2012）[51]、张丽琨和刘晓丽（2014）[52] 分别对深圳市、武汉市、广东省、上海市的区域创新影响因素进行分析，不同区域影响因素有较大区别，相同因素对不同地区创新的影响程度也不相同。

四、西部地区创新研究

近年来，西部地区创新研究得到理论界和政府部门的高度重视。潘德均（2001）[53] 对东西部区域创新系统的差距进行了对比讨论，并针对西部地区创新系统的建设对策提出了建议。王益谊等（2003）[54] 对西部区域创新系统的特征、结构、主体演化三个方面进行了理论上的分析。曹海英和贾春晨（2010）[55] 分析了西部地区技术创新存在的六个问题并提出了发展对策。朱顺泉（2006）[56] 针对中国西部地区的科技创新实力进行了分析，构建了适应于西部地区的指标体系，对西部地区 12 个省级区域创新实力进行了综合排名。朱承亮等（2009）[57] 以《中国区域创新能力报告》中的研究为基础，形成了西部区域创新能力评价指标体系，同样对西部地区 11 个省市的区域创新能力进行了分析评价。谭开明和魏世红（2013）[58] 基于主成分分析法对西部地区的区域创新能力进行了评价。严红（2013）[59] 基于灰靶模型对中国西部地区科技创新效率进行了测算。李涛和孙研（2016）[60] 对西部地区区域创新能力进行了测算并利用空间计量分析方法对研发投入、人力资本投入、受教育程度、外资投入和技术流动环境五个创新能力影响因素进行了实证分析。

五、研究评述

（1）关于创新系统概念、结构、运行等的研究文献大都集中在国家或者区域创新系统层面，针对城市创新系统层面的研究还处于起步阶段，尚需深入研究。在区域创新系统研究上，研究对象主要集中在经济发达区域或创新发展较好的区域，且这些区域大多集中在我国东部地区，而对于西部地区的研究较少。

（2）关于创新效率评价的研究文献大都集中在整体创新效率评价上，现在对区域创新活动过程已开始分阶段进行研究，但尚未形成统一的创新阶段划分标准。对创新效率的分阶段测算，现所采用的模型比较单一，迫切需要构建综合的测度模型，以提高测量的准确性。

（3）在创新影响因素分析方面，不同文献因为研究区域、研究重点等不同，探索分析的因素也各不相同。在分析因素对创新的影响时，多数文献只针对因素与创新之间的线性关系进行分析，对创新影响因素和创新效率的关系及因素之间的相互作用进行全面研究及实证分析的文献尚不多见。

（4）针对西部地区创新研究的文献还较为缺乏，现有文献大都以省域为区域范围进行研究，缺乏针对城市创新的研究。同时，现有文献大都偏重于静态和定性的理论分析，缺乏对西部地区创新系统的动态和定量研究。实证分析成果大多集中在对创新能力或者效率的评价上，对西部区域或者城市创新系统深入综合分析的成果较为匮乏。

第三节　研究内容

根据对现有研究成果的分析和总结，从国家科技部在 2010~2011 年公布的 42 个国家创新型试点城市中，选择呼和浩特市、包头市、南宁市、成都市、贵阳市、遵义市、昆明市、西安市、宝鸡市、兰州市、银川市、西宁市、乌鲁木齐市 13 个西部城市和重庆市，共计 14 个城市（以下简称西部典型城市）为研究对象，对其创新系统进行理论分析，并对创新活动阶段进行划分；构建测度模型对西部典型城市创新阶段效率和综合效率进行测算；分析西部典型城市创新效率影响因素，通过构建模型探索路径关系；构建西部典型城市创新系统动力学模型进行仿真分析；最后根据西部典型城市的城市特点，有针对性地给出西部典型城市创新效率提升路径和建议。具体包括：

（1）从创新价值链角度对西部典型城市创新活动进行分析，并进行创新过程阶段划分；改进 DEA 模型，并对西部典型城市创新效率进行评价，揭示西部典型城市创新效率时间序列的变化规律及城市之间的差异。

（2）基于创新理论和已有研究成果，确定西部典型城市创新效率影响因素；利用创新效率测算结果和因素指标数据进行实证分析，确定西部典型城市创新效率影响关键因素，并通过构建模型分析因素的影响路径。

（3）分析西部典型城市创新系统构成要素之间的反馈控制关系，构建西部典型城市创新系统动力学模型并进行仿真模拟，给出不同政策路径下创新系统的运行状况。

（4）根据创新效率及其影响因素研究结果，对西部典型城市进行分类，结合各类城市创新系统的特点，给出有针对性的创新效率提升策略和建议。

第四节　研究方法和技术路线

一、研究方法

本书综合应用文献研究法、数据包络分析法、结构方程模型、系统动力学方法、系统聚类法对西部典型城市创新问题进行研究。

（1）文献研究法。将对城市创新系统、创新效率评价、创新影响因素、西部地区创新等相关文献进行梳理和总结，明确西部典型城市创新研究中存在的问题，确定研究内容和研究重点。

（2）数据包络分析法。将网络 DEA 和超效率 DEA 进行结合，构建关联两阶段超效率 DEA（TSS-DEA），对西部典型城市创新两个阶段的效率和综合效率进行评价。

（3）结构方程模型。采用结构方程模型对西部典型城市创新效率影响因素进行分析，探讨变量间的影响关系以及影响路径，确定关键影响因素和影响机理。

（4）系统动力学方法。采用系统动力学方法分析西部典型城市创新系统中创新效率及其影响因素间的反馈控制关系，构建西部典型城市创新系统仿真模型，通过仿真模拟分析关键影响因素对创新效率的影响。

（5）系统聚类法。采用系统聚类分析方法，将确定的创新效率影响因素作为指标，对西部典型城市进行分类，以便更有针对性地提出创新效率提升的建议。

二、技术路线

本书的技术路线如图 1-1 所示。

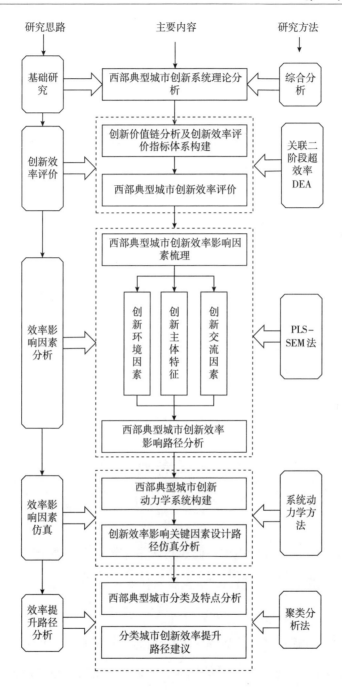

图1-1 本书的技术路线

第二章 创新理论及西部典型城市
创新系统分析

本章梳理研究所涉及的创新概念、熊彼特创新理论、创新系统理论和效率理论；分析西部典型城市创新系统构成要素、创新环境，系统运行过程和机制；对西部与东部、中部典型城市进行比较，找出西部典型城市创新发展的差距。

第一节 创新内涵界定

创新概念最早由熊彼特提出，他在其著作《经济发展理论》中，从生产角度对创新进行了定义，认为创新就是发展一种从未尝试过的组合方式进行生产，以替换旧的生产方式。熊彼特将经济可持续发展的原因归结为生产当中的不断创新[61]。在《商业周期》中，熊彼特对创新概念进行了补充，认为创新是生产要素组合变化的同时，指出创新不同于通常所认为的发明，并不是有发明就有创新，有些发明无法带来经济效益，但是创新一定可以促进经济发展[62]。熊彼特所定义的创新概念包含众多方面，他认为所有能够使得资源利用效率提升的活动都是创新，而并不在于活动与技术是否有直接相关关系。

伊诺思（Enos）基于熊彼特的研究，将创新定义为利用发明、投入资源规划、组织构建、规划、实施和发展等一系列行为的组合结果[63]。Freeman 和 Soete 从经济学上定义了技术创新，简单来说就是技术首次进行商业化利用的过程，此处能够商业化应用的技术包括新的产品、新的工艺流程或者新的技术设备[64]。Pavitt 和 Stoneman 对于创新的定义与弗里曼类似，认为创新是在生产过程中引入发明并继续进行研发而实现商业化的行为[65]。德鲁克（Drucker）认为创新是企业为了能将新的产品、工艺或者服务进行商业化而进行的活动，这种活动可以对企业的资源生产方式进行改变而创造出更多的效益，通过创新活动现有资源可以发挥更大的作用而带给消费者更多的满足[66]。OECD 将创新定义为不同主体或组织彼此影响的过程，技术创新是系统当中要素相互作用的结果。

国内学者也对创新进行了不同的定义。董中保（1993）将创新定义为一个动态的过程，在这个过程中可以实现科技成果转化为新的产品，具有现实的生产力[67]。傅家骥（2001）认为创新是企业家对企业现有生产条件和资源进行改变，应用新的组合方式进行生产，构建可以获得更多效益、成本更低的生产方式，生产新的产品或者工艺，或者开发了新的市场，从而达到获得更多经济利益目的的过程[68]。许庆瑞等（2002）认为创新是一种根据市场用户需求，从开始得到信息到生产出产品的整个过程[69]。邹新月等（2001）同样从新产品、新工艺生产到进入市场的过程对创新进行了定义，认为创新是从市场导向开始到推出新的创造到最终取得经济方面的回报的一个过程[70]。

综合国内外学者对于创新的定义，尽管不同学者对创新的解释不尽相同，但在定义中普遍认为创新是一个从新的发明新的想法，到新产品或者新工艺等的产生，再到推入市场进行商业化应用的过程，同时强调创新中所包含的经济、社会价值以及创新应用所带来的经济社会效益。

根据研究目标和内容，本书中将创新概念界定为狭义的技术创新活动，即以创造性和市场成功实现为基本特征的周期性技术经济活动全过程，其主要表现为：新知识、新理论的提出，新产品、新工艺或新服务的创立与改进；资源的有效开发和利用；新技术的发明和应用；新需求与新市场的开拓和占领。

第二节 相关理论

一、熊彼特创新理论

熊彼特在 1911 年首度提出创新概念。熊彼特的创新理论以创新揭示资本主义核心特质和资本在生产当中的运行机制，在某种程度上对经济增长的原因进行了解释，深刻影响了发展经济学的演进，技术创新理论、制度创新理论和技术扩散理论等都据此提出并进行了发展。

（1）创新的内涵。熊彼特认为，创新是企业家利用手中的资源生产新的产品或者用新的方式去生产原有产品，即构建一种新的生产函数。他对创新赋予新的特殊含义，包括五种情况：一是生产一种消费者从未了解过的新产品，或者在已有产品中发掘新的特点；二是在生产产品时更换生产方式，应用新的方法或者技术，这是对生产方法或者工艺流程等的改变；三是将产品出售到新的市场上，新的市场不一定代表新建立的市场，也可以是原有市场但条件是未曾出现过该产品；四是对原料供应商的重新选择，寻找新的来源；五是在企业内部改变组织方式，是对企业组织和管理流程的开拓。从这五个方面可以看出，熊彼特的创新概念包含技术创新和制度创新，打破了以往创新固化在技术创新上的局限，将创新含义发展到了制度、经济等领域。熊彼特将创新称为"创造性的破坏过程"，与发明进行区分，发明对经济的发展并没有实质性的影响，但创新是对旧的结果的推翻，应用新的组合进行变革，能够在生产活动中取得实际收益，是社会和经济进步的动力。

（2）创新的动力。熊彼特将创新的动力归结于企业，或者说个别的企业家。一种情况是，首先个别具有挑战精神善于管理的企业家发现市场中的某种潜在利益，这种潜在利益吸引企业家们进行投资，通过改变现有要素组合或者改变生产方式的方法获得这种潜在利益。在追求创新利润的过程中，又不断促使企业家改进工艺流程或者其他因素，获取更多的利益。另一种情况是，企业家不仅出于利益的追求，还出于一种个人实现的目的进行创新，这就是熊彼特所说的企业家精神。企业家精神可以是企业家对于建立一种私人王国获得名望的梦想，可以是对于成功的热情，对于征服他人证明自己的冲动，可以是企业家在进行创新时能够获得快乐，因而喜欢创造。各种类型的企业家精神促使企业家进行各种创新，创新就是通过企业家们体现出来的破坏之后创造的过程。在最初创新中个别企业家引入新的组合方式，但会面临各种阻力，随着新组合带来的效益的显现，阻力越来越小，进而出现创新追随者，从而引发更多的创新活动，当创新规模越来越大扩散到全社会范围内时，社会随之繁荣和进步。

（3）创新的实现路径。熊彼特将创新路径总结为熊彼特创新模型 I 和熊彼特创新模型 II。在创新模型 I 中，熊彼特将技术进步作为经济增长的推动力，强调技术创新的企业内生特征，其具体流程如图 2-1 所示。

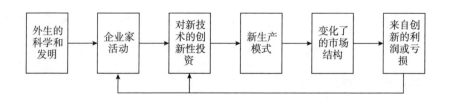

图 2-1　熊彼特创新模型 I

资料来源：笔者依据熊彼特创新理论绘制。

在创新模型Ⅱ中，熊彼特将企业家作为创新的主导因素，强调企业家在创新中的作用。企业家发现能够改变现有生产体系的新的发明创造、利润追求或者企业家精神使企业家们进行冒险，对现有生产方式进行改变。如果发明利用成功，获得新的产品或者开创了新的生产方式，原有的市场局面将会被重新改写，企业获得垄断利润，但是随着追随者的进入，出现模仿创新，这种利润将会减少[71]，其具体流程如图2-2所示。

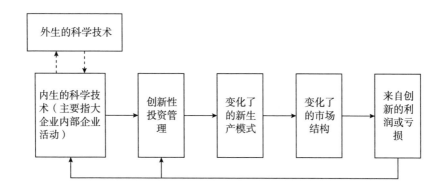

图 2-2　熊彼特创新模型Ⅱ

资料来源：笔者依据熊彼特创新理论绘制。

二、创新系统理论

20世纪80年代，学者们将创新理论和系统理论结合应用，形成了创新系统理论，并利用该理论对创新进行了更加深刻的描述。创新系统理论可以分为国家创新系统理论和区域创新系统理论。

1. 国家创新系统理论

目前，国家创新系统理论可以分为三个流派，它们分别从不同角度对国家创新系统进行了诠释。

（1）宏观学派。国家创新系统概念由弗里曼首次提出，他将国家创新系统定义为一个国家中公共部门或者私有部门等不同的组织形成的一种网络，在网络内部这些机构形成统一的管理，并在进行活动时彼此产生各种影响，促进新技术的引进、开发、运用和扩散，从而使国家创新得到发展。他通过对日本创新系统的研究得出国家层面的调控可以增速国家创新系统构建的结论。弗里曼将政府、教育与培训机构、企业和产业作为国家创新系统的基本要素[72]。

（2）微观学派。以伦德瓦尔为代表的学者们从微观上对国家创新系统进行了研究。伦德瓦尔指出，生产者和使用者的关系是国家经济发展的最关键的问题，市场的组织性以及创新的方式都由两者之间的关系决定。国家之间地理条件、社会发展和政策的不同造成了两者关系的差别，从而出现国家创新系统。伦德瓦尔认为，国家创新系统是位于一个国家内部，在创造、传递和应用知识时（这种知识需要没有应用过且有利于经济的发展），各种要素之间的相互作用[73,74]。创新是厂商和使用者之间的学习互动过程。因此，国家创新系统的核心在于学习。

纳尔逊的国家创新系统强调制度的作用。在《作为演化过程的技术变革》一书中，纳尔逊对市场机制和计划机制的国家进行了对比分析，指出在两种机制下国家创新系统的不同，而在市场机制下的国家创新制度是难以替代的。在纳尔逊的另一本著作《国家（地区）创新体系：比较分析》中，他对比分析了收入和人口不同的三组国家，指出国家创新系统是一组能够对国家内企业的创新活动产生关键影响的机构和其间的相互作用关系，在系统内既有各方面的制度，也有进行知识技术研究的大学和政府部门等相关机构。

（3）国际学派。在全球经济一体化背景下，国家创新系统理论也在不断发展。波特从微观、宏观两方面对国家创新系统进行研究，分析了国际背景下的国家创新能力，提出了钻石系统理论。他认为企业成功的创新是国家竞争力的基础，从某种意义上讲，国家可以看作企业外部的创新环境而对公司创新产生影响[75]。

经济合作与发展组织研究指出，技术创新和非正式的网络管理对国家创新系统的良好运行具有重要的作用。国际上，创新合作的密切程度影响着不同国家用户或者厂商之间的交流程度，联系越密切，国家创新系统宏观绩效越好[76]。

总之，国家创新系统是一个国家内与创新活动息息相关的各种组织机构，在创新活动过程中相互影响作用而构成的网络体系。在这个网络中，要素构成层次复杂，互动关系非常密切，作用于知识开发、运用、技术扩散、经济发展等整个过程，是一个有机整体。

2. 区域创新系统理论

区域创新系统概念最早由 Cooke 提出。Cooke 等认为，区域创新系统是地理上存在相互联系的企业、高校和科研院所等组织机构所构建的体系，这个体系具有区域性并能够形成创新[77]。Nelson（1993）认为，区域创新系统形成的目的是引导创新，为达成目的制定区域性的政策法规，进行区域性的实践从而构成区域创新系统[78]。Autio 和 Yli-Renko（1998）认为，区域创新系统是由具有同一背景的子系统构建而成的一种社会系统，系统之间与系统内部要素之间的相互作用推动知识在其中的流动转移[79]，Autio 的区域创新系统构成如图 2-3 所示。

David Doloreux 指出，区域创新系统是集合了公共机构和个体组织、正式组织和非正式组织的一种系统，在系统内能够通过特定的治理结构和机构之间的作用促进知识的流动[80]。Doloreux 对知识资本化的产生进行了分析，探究了系统组织机构相互之间的作用关系及作用效果。

国内学者在国外研究的基础上，结合我国具体区域提出了众多关于区域创新系统的观点。冯之浚（1999）[81] 将区域创新系统定义为一定地理范围内的政府、企业、高校和研究机构、中介机构所构成的创新系统。黄鲁成（2000）[82] 认为，区域创新系统是在区域范围中的创新相关要素的集合，包括创新组织和机构、创新的资源、创新相关的制度和政策。柳卸林（2003）[83] 认为，区域创新系统是由创新主体构建的一种网络，在网络中主体活动能够推动新技术的形成。邹再进

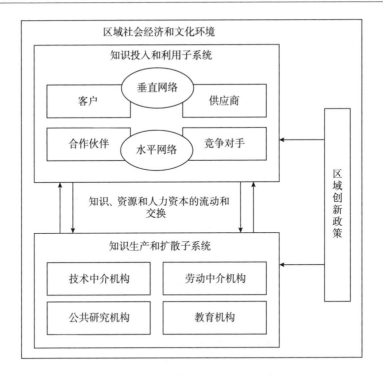

图 2-3　Autio 区域创新体系结构

资料来源：Autio E. , Yli-Renko H. New Technology-based Firms in Small Open Economies—An Analysis Based on the Finnish Experience［J］. Research Policy, 1998, 26（9）: 973-987.

(2006)[84] 认为，区域创新系统可以从行政上划分区域，是在行政区域内部构建的一种网络体系。

当前，对区域创新系统的定义、结构等尚未形成统一的认识，但现有对区域创新系统内涵的界定大都具有以下特征：①无论是从地理、行政还是经济方面，对区域创新系统的空间都有一定的限制，边界具有开放性；②创新主体一般包括区域内的企业、高校、科研机构、政府、中介服务机构；③区域创新系统不仅包含区域内的创新主体，还包含着主体之间的相互联系和相互作用，处于动态演变进程中；④区域中的制度政策对区域创新系统影响作用明显，是系统形成的支撑要素；⑤区域创新系统是一个复杂的社会系统，构建目的是为了促进创新。

三、效率理论

经济学致力于研究如何在有限资源条件下尽可能满足人类的需求，即效率问题。"效率"一词由来已久，其概念和内容随着时间的推移不断发展，一般指资源的节约或者更加合理地利用。众多学者在使用"效率"概念时，会根据研究需要对其含义加以界定。Farrell（1957）[85] 和 Debreu（1951）[86] 从技术效率和配置效率两方面界定了经济效率，技术效率表示现有条件下实际产出与最优产出的距离关系，配置效率是投入要素为最佳状态时所产出的成果数量。萨缪尔森和诺德豪斯（2012）[87] 用效率表示社会资源是否浪费的情况，社会中只有减少某种物品产量才能够增加某种物品时，表示生产处于效率状态。冯秀凤将效率定义为达到既定产出的投入消耗程度，这种定义被大部分学者接受[21]，这种定义既体现了资源利用的实际产出情况，也体现了资源利用的理想产出。基于这个定义，效率可以进一步分成使用效率和生产效率，使用效率指投入在消耗过程中现实应用情况，仅从资源配置方面考虑资源消耗。生产效率指在一定经济、社会和技术条件下，投入和产出之间的比例关系，从投入和产出两个方面全面考虑，反映了投入状态下的产出与既定投入下最优产出的比例关系。生产效率具有更广泛、更一般的内涵。创新效率源于经济学上的生产效率，反映生产过程中创新资源配置状态。Afriat（1972）[88] 较早提出创新效率的概念，认为创新效率是研发活动中的技术效率。Koopmans（1951）[89] 给出了技术有效的定义，认为如果在不减少其他产出（或增加其他投入）的情况下，技术上不可能增加任何产出（或减少任何投入），则该投入产出向量是技术有效的。Coelli 等（2005）[90] 认为研发效率是一定时间范围内研发投入比研发产出；池仁勇（2003）[91] 认为创新效率反映了创新活动和创新产出的相关程度，当外在条件一定时，创新产出（投入）与前沿面的差距越大（小），创新效率越低。学者们大多沿用这一观点，将投入和产出的转换效率作为创新效率概念。

本书所界定的城市创新效率是指将城市创新系统作为生产单位时，其创新资源投入后转化为创新成果的转换能力，既包含创新活动的实际成果与创新资源投入的比例关系，也包含前沿产出与既定的创新资源投入或者既定产出时与最小资源投入的比例关系。

第三节　城市创新系统分析

一、系统要素

城市创新系统是在城市特定的环境中，创新活动的主体对城市中创新资源进行合理利用和配置，从而推动城市创新活动发展的体系，由城市中各种与城市创新活动相联系的构成要素相互作用形成。根据城市创新系统的描述，系统中主要包括创新主体和创新资源两大部分。

1. 创新主体

创新主体是指在创新活动中处于主导地位的组织或个体。在创新过程中，创新主体能够自主主导创新活动的进行或者在创新活动中以参与者的身份融于其中。创新主体一方面自身具有创新方面的需求，另一方面也具备实现创新的能力，两者兼备的组织才能够称为创新主体。城市创新系统的主体包括政府、企业、高校和科研机构以及中介服务机构。由于西部地区中介服务机构发展时间较晚，因此城市中政府、企业、高校和科研机构的主体地位相对突出，中介服务机构的主体地位相对较弱。

（1）企业。创新最终的目的是要实现市场价值，从这个角度来说，创新系统的整体创新水平最终由企业决定。企业作为城市创新系统的主体之一，是城市技术创新系统的核心要素，因而企业一定具备实现创新的能力。企业根据市场需求变化调整内部创新方向，企业内部的创新成果的实现以市场变化为准，反映了社会经济发展情况[92]。一般城市创新发展趋势表现为：企业逐渐发展成为城市创新活动的核心主体，政府和科研机构的主体地位弱化，但从目前西部典型城市创新系统表现来看，企业核心地位并不明显。

（2）政府。对于政府是否是城市创新系统的主体在学术界存在不同的观点。有些学者认为从政府在创新规划、政策等方面对创新系统的作用来看，应该归类于创新环境当中，其所起到的作用仅是辅助性的，因此并不应将其等同于企业、科研机构等发挥主体作用的组织，政府并不能对系统的运行等起到决定性的作用[93]。有些学者并不赞同这种观点，他们认为所有创新活动都活跃在一定的政策大环境下，这种环境和创新主体行为相互作用、相互融合，而政府是创新政策的制定者，因此政府对于创新的作用不局限于辅助作用，也起决定作用[94]。

在西部典型城市创新系统中，政府是重要的创新主体。西部典型城市的创新活动受到中央和地方政府的直接指导。在创新过程中，政府既要制定创新政策，作为创新行为主体还要主导或者参加创新活动。在西部典型城市中，政府主要通过三个方面发挥作用：一是协调城市创新机制运行，促进创新资源的合理配置；二是通过参与创新机制运行弥补西部典型城市市场机制的缺陷；三是通过制定政策、组织控制和直接投入的方式对企业、高校和科研机构以及创新服务机构进行指导和管理。

（3）高校和科研机构。高校与科研机构在城市创新系统中充当知识源头，在创新的知识创造、技术研发等创新初始阶段发挥重要作用，是前期研究的主体。西部典型城市企业创新核心地位并不明显，而且技术知识往往研究成本高、投入大、风险高，不能立即产生经济效益，很多企业尤其是中小企业并不愿意进行研发。在这种情况下，知识和技术研究的大部分工作主要由高校和科研机构进行，具体体现在理论创新和技术开发工作中。西部典型城市创新系统中高校和科研机构的作用和功能主要表现在：一是提供企业技术研发所需要的前期理论知识和企业技术转化所需要的技术支持，很多企业实现的创新成果都是在高校和科研机构研发的基础上完成的；二是高校与科研机构为企业的技术创新活动输送大量技术型人才和现代高级管理人才，提高企业知识生产率并提高知识应用效果；三是高校与科研机构还可以直接将自己的成果产业化，通过创办创业中心、技术评估中心以及大学科技园等，催生大批科技型企业。

（4）科技中介机构。科技中介机构指的是在科技活动中为创新主体及创新活动参与者提供信息传递、咨询服务、事务管理等与科技活动相关的中介服务的机构或组织。在西部典型城市中，科技中介服务机构并不发达，但在创新活动中仍发挥一定作用，其主要体现在：一是集中信息、技术、经济、金融等各个领域的人才，为科技活动主体提供所需要的服务，促进技术研发和创新成果转化；二是通过对信息的采集、存储、转化和传输，为企业、政府、高校和科研机构提供信息增值服务，协助沟通和合作，促进创新资源优化配置。

2. 创新资源

创新资源是城市进行创新活动的基础，包括创新过程中所需要的各种资源要素。田红娜（2007）将创新资源分为创新人力资源、创新财力资源、创新物力资源、创新技术资源和创新知识资源。城市创新资源具体构成如表2-1所示[95]。

表2-1 城市创新资源构成

	创新人力资源	技术开发人员，专业技术人员，创新产品生产、销售等从事创新科技活动相关工作的人力资源
城市创新资源	创新财力资源	创新活动的资金筹集与投入、创新活动费用开支、创新成果转化资金、创新产品销售收入等
	创新物力资源	用于创新活动的原料、辅助财力，初级产品与中间品，设备等
	创新技术资源	创新管理技术、创新服务技术、创新营销技术等
	创新知识资源	出版物、文献等，科技信息，专利，其他知识与信息

资料来源：笔者依据参考文献［95］整理。

二、创新环境

城市创新环境是指城市内部各行为主体和周围事物相互作用而形成的相对稳定的网络系统。城市创新环境与城市创新具有相互影响、相互作用的关系。一方面，城市创新环境会对创新主体发起和参与创新活动产生影响，创新环境优越能够促进创新活动的开展；另一方面，城市创新活动又会对城市创新环境产生作用，通常随着创新活动的开展，会对创新环境提出新的要求并促进创新环境的改善。良好的创新环境对城市创新活动通常具有支持和增强作用，是城市创新系统高效运行的重要影响因素之一。根据对创新系统和创新活动的影响不同，可以将西部典型城市创新环境分为经济环境、文化环境、政策环境、基础设施环境、生态环境五个方面。经济环境是指城市中与创新活动有密切关联的社会经济条件，包括城市经济水平、消费水平、市场状况和行业发展状况等；文化环境是指城市中影响创新活动的社会文化条件，如城市文化水平、创新氛围以及创造知识普及程度等；政策环境是指对城市创新活动产生影响的城市及城市高层次政治地域单元的政策因素所构成的综合体[96]；基础设施环境是指与创新活动相关的城市基础设施如道路、通信等的建设水平；生态环境是指与城市创新活动相关的自然资源要素、城市环境保护要素及其相互作用与组合所形成的综合体。城市创新环境具体构成如表 2-2 所示。

表 2-2　城市创新环境构成

城市创新环境	经济环境	城市经济水平、消费、市场、产业等
	文化环境	城市文化水平、创新氛围、创新知识普及等
	政策环境	城市内外创新政策及其他相关政策
	基础设施环境	城市交通、通信等基础设施条件
	生态环境	城市自然资源状况、绿化水平、污染处理能力等

资料来源：笔者依据参考文献［95］、［96］整理。

三、运行过程

城市创新系统运行可表述为一个投入-产出的过程。创新投入主要指城市内的企业、政府、高校和科研机构以及科技中介机构四类创新主体的创新投入情况，创新主体为城市创新活动提供人力、物力、财力等基础资源。创新产出指创新主体投入资源开展创新活动后的创新所得，创新所得能够反映城市的创新能力水平。创新产出可以分为成果产出和经济效应，成果产出是指创新的直接产出，包含知识信息成果和技术成果，经济效应指知识信息和技术成果转化给城市带来的经济效益，是创新主体将创新成果转化为能够进行商业化生产的经济产品，从而带来经济效益的能力表现。运行过程如图 2-4 所示。

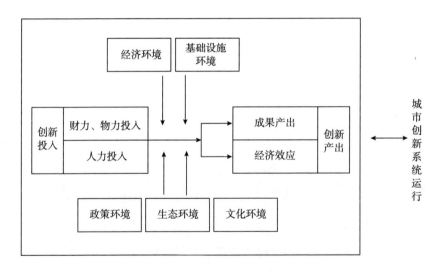

图 2-4 西部典型城市创新系统运行过程

资料来源：笔者自绘。

1. 创新投入

创新投入是城市创新活动的基础来源。作为社会经济发展相对滞后的区域，西部地区创新投入不足一直是影响其创新能力的主要障碍。周洪文等（2014）[97]

以各个省份为区域边界，通过研发人力投入及资金投入分析得出东部地区创新投入能力明显好于中部地区和西部地区，相比较而言，中部地区较优于西部地区，但差距不大。周文泳和项举（2015）[98]在进行区域创新能力评价时，对各省市创新投入进行了排名，可以看到西部大多数地区创新投入能力排名较低。作为创新试点的典型城市，它们大多是区域内具有较强经济实力及资源基础的城市，在创新投入方面一般高于本省平均水平，甚至在全省科技创新投入中占据较高比例。例如，2015年陕西省研发经费支出393.17亿元，R&D经费投入强度平均为2.18%，而其省内试点城市西安市研发经费支出金额为303.71亿元，占陕西省总支出的77.25%，R&D经费投入强度高达5.24%。但也有试点城市创新投入不足，如同样是陕西省内的试点城市宝鸡市2015年研发经费支出为29.92亿元，R&D经费投入强度为1.67%，低于全省平均水平，与西安市创新投入差距很大。因此，西部典型城市的创新投入是否同西部地区总体状况一致，也存在创新投入不足的问题，需要从城市的角度进行具体分析。

近年来，西部典型城市都非常重视创新发展，并将建设成为创新型城市作为城市发展目标，全面推进国家创新型城市建设。随着经济发展水平的提高，西部典型城市创新投入绝对量都有了显著的增加，以期通过增加投入促进本地创新发展。我们可以通过对这些城市试点启动前后研发投入的比较，看出西部典型城市研发投入费用的变化。西部16个典型城市2009年的研发投入经费平均值为297855.45万元，2015年的研发投入经费平均值达到757428.43万元，是2009年的2.5倍。西部16个典型城市2009~2015年研发投入经费增长情况如图2-5所示。

从图2-5可以看出，研发投入经费年均增长率最高的城市是银川市，其增长率为27.06%，增长率最低的城市为南宁市，其增长率为9.06%，其中有9个城市高于全国城市研发投入经费16.05%的年均增长率，在创新经费投入力度上明显增强。这些西部典型城市还通过设立各类创新专项基金来加大创新投入，如银

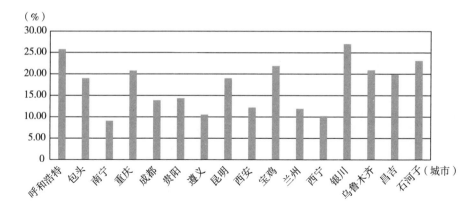

图 2-5 2009~2015 年各地区研发经费投入年均增长率

资料来源：笔者依据《中国科技统计年鉴》《中国城市统计年鉴》《全国科技经费投入统计公报》等数据自绘。

川市设立的"科技创新发展投资基金"，鼓励和引导企业加大研发活动资金投入，提高科技创新能力和水平，促进高新技术成果转化和产业化[99]；成都市计划设立不低于 20 亿元的知识产权运营基金，以加强知识产权保护，维护创新者的权益，提升城市创新品质和发展潜力[100]。

西部创新试点城市研发经费投入强度整体保持增长趋势。2009~2015 年西部典型城市研发投入强度如图 2-6 所示。

从图 2-6 可以看出，尽管西部典型城市研发投入强度不断增加，但西部试点城市研发投入与全国平均水平相比仍显不足。2015 年，全国研究与实验发展经费投入强度（与国内生产总值之比）为 2.07%，而西部 16 个创新试点城市仅西安市和成都市超过了全国平均水平，其他城市均低于 2.07%的全国平均水平。

2. 创新产出

2010 年以来，西部创新试点城市科技产出迅速提高。2010~2015 年，西部创新试点城市专利申请量年均增长率为 21.22%，专利授权量为 19.89%；高新技术产业发展良好，各市均建有国家级高新技术园区，形成了各市高新产业差异

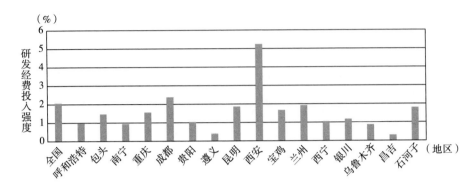

图 2-6 2015 年各地区研发经费投入强度

资料来源：笔者依据《中国科技统计年鉴》《中国城市统计年鉴》《全国科技经费投入统计公报》等

数据自绘。

化、特色化发展的格局。截至 2014 年底，全国 115 家国家高新园区生产总值（GDP）达到 69607 亿元，占全国国内生产总值比重为 10.9%，其中西部创新试点城市中有 11 个高新园区生产总值占所在城市生产总值比重超过全国水平。其他如知识创造、技术开发、新产品开发等创新成果也均取得了明显进步，但这些西部城市创新发展仍不平衡，不仅不同省区城市差别较大，同一省域的城市也有较大差距。以技术市场合同成交金额为例，2015 年西安市技术市场成交金额为660.07 亿元，而宝鸡市仅为 22.59 亿元，差距非常明显。其他城市如呼和浩特、银川、包头、乌鲁木齐等技术市场成交金额都在 5 亿元以下，交易额最少的遵义市仅有 0.69 亿元，可见技术市场合同成交金额在城市与城市之间存在巨大差距，其他方面的产出也存在类似现象。

四、运行机制

西部典型城市创新系统的创新机制包含政府、企业、高校、科研机构等创新主体要素投入结构关系以及创新主体之间、创新主体与环境之间、其他要素之间复杂的作用关系。西部典型城市创新系统运行机制如图 2-7 所示。

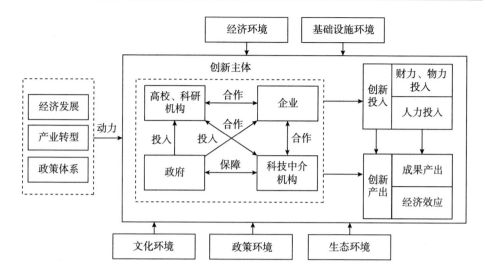

图2-7 西部典型城市创新系统运行机制

资料来源：笔者自绘。

创新动力机制、创新投入机制、创新合作机制、创新协调机制是支撑和推动西部创新典型城市创新系统运行的保障。

1. 创新动力机制

西部典型城市创新主要来自经济发展、产业转型、政府政策体系等方面的驱动。

（1）经济发展驱动创新。西部地区属于全国经济发展落后地区，西部城市与东中部城市相比，经济发展水平差距较大。西部地区自然资源丰富，长期以来，西部很多城市的发展依赖于当地资源开发及相关产业的发展，但受科技发展水平限制，资源产业发展较为粗放，资源产品附加值低，存在严重的资源诅咒现象。随着知识经济的发展，传统经济形态在不断发生变化，西部城市以资源产业为基础的发展模式面临更大的挑战。东部发达城市发展的经验表明，创新是知识经济时代发展的灵魂，西部城市要实现经济快速发展，改变落后状态，必须改变传统依赖生产要素的发展方式，通过技术创新实现经济发展，随着工业经济向知识经济的转变，科技在城市发展中的作用越来越大。西部典型城市多为区域中心城市，它们的经济发展对其周边区域具有辐射和带动作用，在西部开发不断深入的背景下，这些城市要发挥先行先试引领示范的作用，因此对城市创新发展的需求更加迫切。

（2）产业转型驱动创新。西部地区自然资源丰富，过去西部城市发展主要依赖矿产资源开发，利用资源优势，大力发展资源开采及相关产业，属于典型的粗放型经济。在20世纪90年代，国家宏观经济布局是利用中西部资源支持东部沿海地区的工业发展，将东部发展成为加工制造基地，中西部发展成为能源和原料供应基地[101]。经过多年的发展，西部城市已经形成了过度依赖资源开发，以技术含量和附加值低的原材料生产和中下游产品初加工为主的产业发展格局。资源优势难以弥补产业经济竞争上的劣势，产业结构不合理，社会经济变革及西部城市经济发展的压力促使西部城市推进产业转型工作。目前，我国工业已经开始从劳动密集型产业向知识密集产业发展转变，国内很多城市和地区通过建立高新技术园区，促进和培育高新技术产业的发展。随着信息产业快速发展，一些传统产业充分利用信息技术，实现了信息化和工业化的融合，提升了产业竞争力。因此，西部城市的产业转型需以技术创新为主导，充分利用资源优势，延长产业链，提高产品附加值，实现集约式发展。技术创新是西部城市产业结构的最重要影响因素，也是实现产业转型的客观需求。

（3）政府政策体系驱动创新。城市创新的政策体系包括国家层面的宏观支持政策和地方政府层面的配套推动政策。2006年国务院颁布实施的《国家中长期科学和技术发展规划纲要（2006—2020年）》提出，到2020年我国自主创新能力显著增强，进入创新型国家行列。国家发展和改革委员会和科技部分别选取城市开展创新型城市典型工作，并给予大量政策性支持。国家发展和改革委员会开展城市创新试点工作的支持性政策包括：设立针对创新试点城市的专项资金；在创新项目安排方面优先考虑创新试点城市；给予试点城市更多产业优惠政策等。科技部开展国家创新型城市典型的支持政策包括：把创新型城市建设作为省部会商优先议题；重点支持承担国家支撑计划项目、国家重大项目、支持国家工程技术研究中心、国家重点实验室、重大产业基地等重大创新平台建设；创造优良的地区环境，培养和引进优秀人才、加强国际科技合作等。西部创新典型城市充分发挥政府规划引导和协调监督作用，先后出台并实施了一系列促进城市创新、推动创新活动开展的政策文件，制定了各种激励创新的政策。方创琳等（2013）根据政策创新指数对地级以上城市进行了排名，通过对排名前20位的城市分析发现，这些城市的制度创新能力强，城市创新综合能力受到城市创新政策的较大影响[102]。城市创新建设是一项综合性系统工程，城市创新发展尤其是西部典型城市，政府创新政策的驱动作用至关重要。

2. 创新投入机制

城市创新系统投入机制是指政府对创新主体进行创新资源的投入，以驱动创新主体进行创新活动，实现创新目标的机制。由于经济发展水平落后或者创新意识不强等原因，西部的大多数城市创新活动滞后，迫切需要政府通过创新投入进行支持和引导。在西部典型城市创新投入中，政府通过不同方式发挥作用，一是政府通过直接投入或者设立专项资金进行资金方面的投入；二是通过各种优惠政策间接加大人力物力的投入；三是政府通过创新坏境如基础设施的建设，降低创新壁垒，支撑创新系统运行。

3. 创新合作机制

创新合作机制是创新主体为了自身需求进行组织合作的一种契约形式。创新主体通过创新合作可以及时获取科技创新领域最先进的技术和最新的信息，缩小因自身能力不足而造成的技术差距。在此过程中，创新主体通过合作，节约创新资源，避免重复的创新投入和研发。高校和科研机构是创新基础研究的主体，通过合作将研究成果付诸实践，并通过成果转化实现研究成果的市场价值。高校和科研机构也是创新人才的培养和输出主体。通过创新合作机制，西部典型城市可以通过主体之间的互动，对科研力量和创新系统要素进行整合，高效发挥创新系统的作用。

4. 创新协调机制

西部典型城市创新系统构成要素众多，创新主体分散，相互之间的关系复杂多变，很难形成创新供求平衡和有序竞争的稳定状态，使创新系统常常处于一种非最佳状态。此时，地方政府可以发挥其自身优势，在较高的区域层次上进行创新服务的调控，这些调控包括平衡各创新主体间的创新利益关系、管理创新信息资源的发布与扩散等。

第四节　西部城市创新差距和存在问题

1. 西部与东中部城市创新发展对比

总体而言，西部地区的创新发展相对落后，创新投入不足，创新产出低下。西部典型城市作为区域内具有较好综合经济实力的城市，在成为创新试点城市后，都把自主创新作为城市发展主战略，编制了创新发展规划文件，出台了各类创新政策，创新水平得到了明显提高，但与中东部城市相比尚有很大差距。

将创新型试点城市分为东、中、西三部分，根据科技部发布的《国家创新型试点城市发展监测报告2015》中对创新型试点城市的监测统计数据，西部创新型试点城市和东部、中部创新型试点城市各指标平均水平的对比分析如图2-8所示。

从图2-8中可以看出，统计监测的11个定量指标中有8个指标均呈现东部优于中部，中部优于西部的现象；在"每万名R&D人员国际科技论文数"上西部创新型城市表现较好，高于东、中部地区试点城市平均水平，说明西部典型城

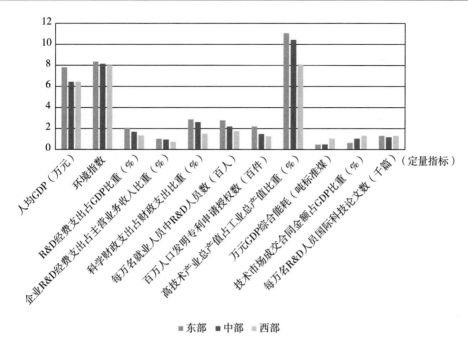

■ 东部 ■ 中部 ■ 西部

图 2-8 东、中、西部创新型试点城市创新监测指标柱形图

市中知识产出方面表现良好。"技术市场成交合同金额占 GDP 比重"显示西部创新型试点城市平均水平最高，其次为中部，而东部最小，这与东部、中部国民生产总值数值较大有关。根据全国创新试点城市监测指标排名，后 1/3 的城市大部分是西部地区的城市。

从指标对比可以看出，西部典型城市在试点工作开展以来，尽管创新基础条件不断完善，创新投入稳定增加，创新成果不断涌现，但是无论在创新投入、创新产出还是创新环境方面，都还落后于东、中部创新试点城市，参考方创琳等（2013）提出的创新型城市建设的 10 个定量判断标准[102]，西部典型城市的各项指标还远远达不到创新型城市的建设标准，创新型城市的建设尚处于初级阶段。

2. 西部城市创新发展中存在的问题

通过对东部、中部和西部创新试点城市监测指标数据对比可以发现，西部典型城市创新发展中主要存在以下问题：

（1）创新主体数量少，功能缺失或错位。西部地区市场机制有待完善，尚没有建立适应西部创新发展的科技体制，企业在科技创新中未能发挥出核心主体作用。首先，西部的很多企业硬件条件不足，企业中没有建立内部研发机构，技术研发主要依靠外部引进或者合作，导致科技创新对外部依赖性较大；其次，企业创新研发动力不足，企业对政府的长期依赖导致其创新主动性不强，创新意识薄弱。

（2）要素流通不畅，主体合作成效低。西部地区城市受其区位条件限制，在国家梯度发展战略大局中处于劣势，市场化的发展机制尚未形成，市场对于创新发展中供求关系的调节作用较弱，因此技术创新与市场需求密切程度不高。此外，西部地区的一些城市如西安市、重庆市虽然有良好的科技和教育资源，但研究机构或大学的技术创新往往缺乏企业的参与，创新活动与企业实践脱节，科技成果向生产力转化效率低。要素流通和主体合作存在的问题造成了西部城市整体科技创新效率较低。

（3）创新人才不足，人才吸引能力弱。受区位条件、经济发展条件和科研条件的限制，西部城市整体教育和科研基础薄弱。西部很多城市缺乏吸引创新人才的软硬件条件，导致西部城市高等教育和科研人力资源不足，人才流失问题突出，使西部城市创新发展面临着严重的人才短缺问题。

（4）创新投入不足，资金支持强度弱。受制于西部地区社会经济基础条件，西部城市整体创新投入不足。尽管西部城市积极采取措施增加创新投入，但仍难以满足城市创新发展的需要。随着知识经济的发展，西部城市可以尝试改变投入型创新发展路线，考虑如何在与经济社会相适应的创新投入条件下，尽可能多地产出创新成果，提高城市创新效率和创新水平。

第五节 本章小结

将创新界定为狭义的技术创新活动，即以创造性和市场成功实现为基本特征的周期性技术经济活动全过程；介绍了创新理论、创新系统理论和效率理论的基本观点；从系统要素、创新环境、运行过程和运行机制四个方面对城市创新系统进行了理论分析，并结合西部典型城市特征，对西部典型城市创新系统进行了讨论；将西部典型城市与东部、中部典型城市进行对比，发现西部典型城市创新在多项指标上均落后于东、中部城市，分析发现西部典型城市在创新主体、要素流通、创新人才和创新投入等方面均存在问题。

第三章 西部典型城市创新效率评价

本章从创新价值链的角度将城市创新活动分为技术研发阶段和经济转化阶段两部分，构建关联两阶段超效率 DEA 模型，对 2011~2015 年西部典型城市创新效率进行了评价，并进行了对比分析。

第一节 西部典型城市创新价值链分析

一、创新价值链概念

价值链是波特在研究企业内部活动和管理时提出的概念，其核心思想是价值增值，即企业内部的每个活动都具有一定价值，随着活动的进行，价值增长，从而形成一条企业价值链。在价值链上，企业中经济活动的主体部门之间相互联系，通过部门合作可以产生更多的价值。波特的价值链实质上是一个创造价值的动态过程。

创新价值链的概念来源于波特的企业价值链，是价值链概念在创新领域的延伸。类比波特的价值链，将创新价值链定义为创新活动的价值创造和转移的过程，创新活动类比企业内部活动，其具有价值性。早期对于创新价值链的研究主要从企业的角度展开，关注企业创新活动的全过程。国外学者 Hall 和 Bagchi-Sen（2002）[103] 将企业创新活动分为基础研发、应用拓展和商业化三个阶段；Birkinshaw 等（2007）[104] 为了解答企业不能很好地进行创新的问题时，利用创新价值链，认为创新价值上主要是创意的发展行为，并划分为三个过程。Roper 等（2008）[105] 认为创新生产可以分为几个子过程，子过程之间相互联系，主要包括各种功能性创新活动过程和开发产出运营过程。之后有学者将创新价值链的研究扩展到企业技术创新之外的国家层面和区域层面上。Porter 和 Kramer（2011）[106] 基于全球化视角，从"价值共享"的角度对创新价值链进行定义。Lee 等（2012）[107] 将创新价值链应用扩充到发展中国家，认为国家创新是从初始创新资源投入到最终得到创新成果的过程，要素投入、知识凝结和成果的产出是构成国家创新的三部分。国内学者官建成和何颖（2004）[24] 最早利用创新价值链定义对区域创新进行分阶段研究，将创新活动分为两阶段并对区域创新系统的技术有效性和经济有效性进行了评价。

二、西部典型城市的创新价值链

延续区域创新理论，城市创新活动是通过创新主体创造新知识、新理论，技术研究到产品开发，一直到技术商业化应用的全过程，实质是创新主体通过创新活动联结的一种链式结构。熊彼特创新定义是企业创新要素的组合，企业是创新的源头，而讨论现代的城市创新，创新不只是企业的职能，还是城市中各种创新主体的作用，因此创新链要从企业技术创新向外扩展。从源头来看，城市创新的源头从企业转到了知识研究领域，知识创新的动力源自市场的需求，科学知识的新发现经过基础研究、应用研究、实验与发展形成新的技术，推动技术创新；技术的创新只有经过进一步的转化形成产品得到应用，进行商业化生产并能推向市场取得经济效益才能算是创新阶段全过程的完成。西部典型城市创新价值链流程和活动如图3-1和表3-1所示。

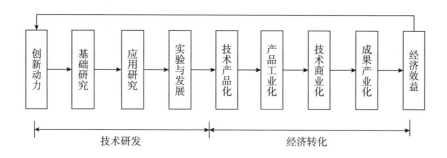

图3-1 西部典型城市创新价值链

资料来源：笔者自绘。

表3-1 西部典型城市创新价值链

阶段	创新活动
创新动力	市场需求分析、政府政策制定和实施等
基础研究	现象认识和分析、假设提出和验证、规律发现和总结、理论提出和证明等研究工作
应用研究	问题提出和分析、方案设计和选择以及可行性分析等，为解决实际问题提供科学依据
实验与发展	实验方案设计、技术途径和方法选择、原理性样机或方案制作
技术产品化	技术设计、产品方案等转化为实际产品
产品工业化	实验产品工业化开发
技术商业化	成熟的新产品、新技术进行商业化推广应用
成果产业化	新产品、新技术大规模应用形成产业化发展
经济效益	城市取得创新经济效益和生产效率的提高

根据创新价值链创新活动的特征，可以将西部典型城市创新价值链总体分为两大部分——从创新动力开始，基础研究、应用研究和实验与发展作为技术研发阶段，技术产品化、产品工业化、技术商业化、成果产业化和最终得到经济效益划分为经济转化阶段。

在技术研发阶段，基础研究以知识研究为主，通常通过对自然现象和客观事物的分析，探究事物发展的本质特征和规律，形成新的理论和原理。基础研究通常以论文、著作等成果呈现，很少形成专利或实际技术，这些研究形成的成果是创新发展的基础，对后续的技术开发和应用性研究至关重要，是科技创新的源泉；应用研究和实验与发展以技术研发为主，此类研究依据前期基础性研究的理论知识和规律，围绕产品进行技术性的开发，最终形成专利或者其他新的应用技术。应用性研究是对前期基础知识的进一步创新，而形成的专利、发明等成果是否能够应用到实际生产中产生经济效益，就需要进一步研究城市创新的第二个阶段——经济转化阶段。

经济转化阶段是对前期的创新知识、技术的转化运用过程，第一阶段的成果通过技术的消化、吸收或者引进的方式应用到产品生产过程中，使技术最终可以转化为经济效益。在技术研发阶段，高等学校和科研院所发挥主体功能，是知识和技术的主要产出者，但是无法很好地将技术市场化应用；而企业在技术研发阶段能力相对不足，但是拥有大量的市场资源，是技术应用的主体。技术交易市场可以很好地解决这个矛盾，是联系技术研发和技术应用的桥梁，是创新经济转化的重要一步。企业获得知识技术专利之后，通过消化吸收、改进之后最终应用到产品生产或服务过程中，提高企业效益以及产业效益，最终通过技术促进社会经济的发展。

技术研发阶段是创新知识、技术的提出、创造的过程，投入要素包含物力和人力两方面，产出有代表新知识、新技术的论文、专利等；经济转化阶段，是创新知识、技术的转化运用的过程，投入要素包括第一阶段的产出及外部技术的引进和改造，产出要素主要是创新活动的经济效益和对生产效率等的提高，可以通过新产品、高技术产业发展、生产率等方面进行反映。虽然将创新过程分为两个阶段，但是两个阶段并不是孤立的过程，两阶段的系统首尾相连，是一个不能分割的整体链条。基于以上分析，本书构建的西部典型城市创新价值链两部分按照投入产出显示如图3-2所示，为下文建立效率评价模型奠定基础。

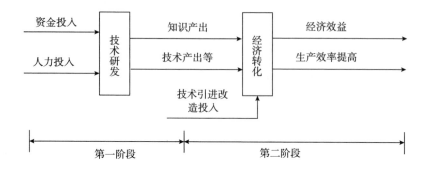

图 3-2　西部典型城市创新价值链两阶段

资料来源：笔者自绘。

第二节　创新效率评价指标体系构建

一、评价指标体系构建

城市创新价值链上各阶段都是一个投入产出的过程，在进行创新效率评价时选择适当的投入产出指标至关重要。根据前文对于价值链的阶段划分，在第一阶段，主要分析创新初始投入和技术方面的产出。创新投入可以分为人力投入和物力投入两类，通常采用 R&D 经费支出和 R&D 人员全时当量这两个指标表示[108]，R&D 经费支出是指每年创新活动主体在进行第一阶段的创新活动时所消耗的经费，这些费用包含了科技人员的劳务费用、单位进行创新管理的费用、技术相关基础设施建设费用等一切与研发相关的支出；R&D 人员指的是从事各类创新项目或者进行相关其他工作的人员，R&D 人员全时当量是由每年从事研发工作的全时人员和非全时人员的工作量折算得到，反映的是 R&D 人员从事研发工作的实际时间，更能准确地反映人力方面的投入情况。用 R&D 经费支出和 R&D 人员全时当量从两方面比较全面地反映了一个城市在创新投入方面的规模，是城市创新投入能力的综合体现。

中间产出包括知识和技术两方面的产出。科技论文是新知识成果的直接表现，能够反映出研发资源投入之后的知识创新结果，选取科技论文发表数量作为衡量知识产出的指标；专利所包含的技术含量使其在反映一个地区技术创造方面更具代表性，因此专利是最常被用来反映城市技术创造的数据指标[43]，专利授权量表明发明创造获得认可的数量，更能真实反映地区实际创造能力，因此本书选择专利授权量衡量第一阶段的技术方面的产出。

城市创新的第二阶段是经济转化阶段，承接第一阶段的成果，因此要将科技研发阶段的产出指标，即科技论文发表数量、专利授权量作为第二阶段的投入指标。除此之外，企业引进及改造技术经费反映了对于引进技术和技术改造的投入状况，是经济转化阶段投入的一方面。产出方面，在经济转化阶段，一方面科技创新成果直接转化为地区经济效益，选取新产品销售收入和高技术产业营业收入作为成果转化产出指标；另一方面技术创新带来了生产和能源效率的提高，选取劳动生产率及工业产值能耗指标衡量方面的产出，为保证指标方向性一致，取工业产值能耗倒数即单位能耗工业产值作为最终指标。

综上所述，构建的西部典型城市创新效率评价指标体系及描述如表 3-2 所示。

表 3-2　西部典型创新效率评价指标体系

阶段	指标类型	指标名称
技术研发阶段	投入指标	R&D 经费支出
		R&D 人员全时当量
	产出指标	科技论文发表数量
		专利授权量

续表

阶段	指标类型	指标名称
经济转化阶段	投入指标	科技论文发表数量
		专利授权量
		企业技术引进及改造经费投入
	产出指标	新产品销售收入
		高技术产业营业收入
		劳动生产率
		单位能耗工业产值

资料来源：笔者自绘。

二、数据来源

　　研究对象为西部地区被确立为创新试点的 14 个西部典型城市，试点工作开始时间均在 2010 年，且 2009 年开始创新数据的统计方式与之前统计口径发生较大变化，因此选取 2009～2015 年的数据进行评价分析。考虑创新投入及产出的滞后效应，每个阶段的滞后期均设定为 1 年，因此第一阶段投入指标的时间范围是 2009～2013 年，第一阶段产出与第二阶段投入指标的时间范围是 2010～2014 年，第二阶段产出指标的时间范围是 2011～2015 年，计算出的效率值时间范围为 2011～2015 年。在收集西部典型城市数据过程中，查阅了包括国家层面、省级层面和市级层面的大量统计资料，具体如表 3-3 所示，还有部分数据通过向当地统计局及科技局咨询收集得到。在统计数据过程中，由于地级市统计资料较难收集、数据统计资料公布较少，同时城市与城市之间存在统计口径不一致等问题，仍然出现部分数据缺失现象，对此类数据运用插值法、推算法等方式补充完整。

表 3-3　数据收集来源

层面	涉及资料
国家层级	《科技统计年鉴》《高技术产业统计年鉴》《中国创新能力监测报告》《区域创新能力报告》《中国城市创新报告》《国家创新型试点城市发展监测报告》《中国城市统计年鉴》等
省级	各省统计年鉴、各省科技统计年鉴、各省国民经济发展统计公报、各省科技统计数据公报、各省科技统计简报等
市级	各市统计年鉴、各市国民经济发展统计公报、各市科技发展报告、市科技局官网信息发布、市科技局电邮咨询等

第三节　创新效率评价模型构建

在效率评价中，学者们采用的方法主要有参数前沿法和非参数前沿法，前者的代表是随机前沿法（SFA），后者的代表是数据包络分析方法（DEA），在分析不同的领域和案例时，应根据研究对象及数据特点，以解决问题为出发点选择适合的方法。在研究创新效率时，更多的学者选择 DEA 的方法进行测算，如官建成（2005）[24]、孙凯（2008）[25]、孙红兵和向刚（2011）[30]、梁瑞敏和彭佑元（2014）[109] 等，这是因为相对于 SFA 方法，DEA 在测算时无须事先假定生产前沿函数，在一定程度上可以避免估计生产函数错误或者不准确而造成的测度误差，因此在多投入与多产出的情境下更具优势。创新系统具有非常明显的多投入和多产出特点，基于此，本书在进行西部典型城市创新效率测度时采用 DEA方法。

一、经典 DEA 模型

数据包络分析法（Data Envelopment Analysis，DEA）由美国著名运筹学家查恩思（Charnes）与库伯（Cooper）在 1978 年提出，他们在多输入、多输出决策单元效率评价的研究中引入了单输入、单输出的思想，构建出了单一的分式规划模型，并经过 Charns-Cooper 变换将该分式规划模型转化为线性规划模型，可以很方便地判断各被考察对象的效率，从而创造出了多投入多产出生产函数的工具[110]。DEA 的基本原理是，首先对投入及产出构建线性规划模型，然后通过模型分析输入及输出数据，得到每个决策单元的综合效率并进行对比分析，从而得出有效的决策单元和非有效的决策单元，因而决策单元的有效性是相对有效，通过分析原因和程度可以提供决策者们评价信息。查恩思与库伯提出的第一个 DEA 模型 C^2R 模与之后提出的 BC^2 模型是较为经典的 DEA 模型。

1. C^2R 模型

设决策单元数量为 n，每个 DMU 的投入要素数量为 m，产出数量为 n，对于 $DMU_j(j=1, 2, \cdots, n)$，用 (X_j, Y_j) 来表示：

$$X_j = (x_{1j}, x_{2j}, \cdots, x_{mj})^T, j=1, 2, \cdots, n \tag{3.1}$$

$$Y_j = (y_{1j}, y_{2j}, \cdots, y_{sj})^T, j=1, 2, \cdots, n \tag{3.2}$$

$$x_{ij} = DMU_j \text{ 对第 i 种输入的投入量，} x_{ij}>0(1 \leqslant i \leqslant m) \tag{3.3}$$

$$y_{rj} = DMU_j \text{ 对第 r 种输出的产出量，} y_{rj}>0(1 \leqslant r \leqslant s) \tag{3.4}$$

因为输入指标和输出指标在决策单元中有不同的权重，因此设权系数 v 和 u 分别表示输入和输出指标的权重：

$$v = (v_1, v_2, \cdots, v_m)^T \tag{3.5}$$

$$u = (u_1, u_2, \cdots, u_s)^T \tag{3.6}$$

$$v_i = DMU_j \text{ 中第 i 种投入的权重，} i=1, 2, \cdots, m \tag{3.7}$$

$$u_r = DMU_j \text{ 中第 r 种产出的权重，} r=1, 2, \cdots, s \tag{3.8}$$

根据单输入、单输出效率评价基本思想，对每一个输入和输出指标的权重赋值，决策单元 DMU_j 的效率评价指数表示为：

$$h_j = \frac{u^T Y_j}{v^T X_j} = \frac{\sum\limits_{r=1}^{s} u_r y_{rj}}{\sum\limits_{i=1}^{m} v_i x_{ij}}, \quad j = 1, 2, \cdots, n \tag{3.9}$$

通过公式可以看出，h_j 是权系数下的决策单元 DMU_j 的产出指标 $u^T Y_j$ 和投入指标 $v^T X_j$ 的比率。对于 h_j 总可以选取适当的权系数 v 和 u，使其满足 $h_j \leq 1$。于是，如果要评价决策单元 $DMU_{j0}(1 \leq j_0 \leq n)$ 时，以权系数 u 和 v 为变量，以决策单元的效率评价指数为目标，以 $h_j \leq 1$，$(1 \leq j \leq n)$ 为约束，构成如下最优化模型：

$$(\overline{P}) = \begin{cases} \max \dfrac{u^T Y_{j0}}{v^T X_{j0}} = V_{\overline{p}} \\ \text{s. t. } \dfrac{u^T Y_j}{v^T X_j} \leq 1, \ j = 1, 2, \cdots, n \\ v \geq 0, \ u \geq 0 \end{cases} \tag{3.10}$$

式(3.10)是分式规划，因此需要转换为线性规划问题以方便计算。利用 Chatnes-Cooper 变换，令 $t = \dfrac{1}{v^T X_k}$，$\omega = tv$，$\mu = tu$，则式(3.10)转换为等价线性规划模型：

$$(P) = \begin{cases} \max \mu^T y_0 = V_P \\ \text{s. t. } \omega^T x_j - \mu^T y_j \geq 0, \ j = 1, 2, \cdots, n \\ \omega^T X_0 = 1 \\ \omega \geq 0, \ \mu \geq 0 \end{cases} \tag{3.11}$$

线性规划（P）可以解释为将目标决策单元 DMU_{j0} 与其他决策单元比较，找出使 DMU_{j0} 在这些决策单元中效率最大时的权重向量。线性规划（P）的对偶规划表示为：

$$(D) = \begin{cases} \min\theta = V_D \\ s.t. \sum_{j=1}^{n} x_j y_j + S^- = \theta x_0 \\ \sum_{j=1}^{n} y_j \lambda_j - S^+ = y_0 \\ \lambda_j \geqslant 0, \ j = 1, \ 2, \ \cdots, \ n \\ S^- \geqslant 0, \ S^+ \geqslant 0 \end{cases} \quad (3.12)$$

由于运用两个线性规划模型判断决策单元有效性是不便于计算，因此，引入非阿基米德无穷小量 ε 进行转换，ε 是实数域内大于零且小于任何正数的数，通常取值 10^{-6}，将线性规划（P）转化为：

$$(P_\varepsilon) = \begin{cases} \max\mu^T y_0 = V_P(\varepsilon) \\ s.t. \ \omega^T x_j - \mu^T y_j \geqslant 0, \ j = 1, \ 2, \ \cdots, \ n \\ \omega^T x_0 = 1 \\ \omega^T \geqslant \varepsilon \cdot \hat{e}^T \\ \mu^T \geqslant \varepsilon \cdot e^T \end{cases} \quad (3.13)$$

（P_ε）的对偶规划为：

$$(D_\varepsilon) = \begin{cases} \min[\theta - \varepsilon(\hat{e}^T S^- + e^T S^+)] = V_{D\varepsilon} \\ s.t. \sum_{j=1}^{n} x_j \lambda_j + S^- = \theta x_0 \\ \sum_{j=1}^{n} y_j \lambda_j - S^+ = y_0 \\ \lambda_j \geqslant 0, \ j = 1, \ 2, \ \cdots, \ n \\ S^+ \geqslant 0, \ S^- \geqslant 0 \end{cases} \quad (3.14)$$

式中，$\hat{e}^T = (1, \ 1, \ \cdots, \ 1) \in E_m$，$e^T = (1, \ 1, \ \cdots, \ 1) \in E_n$，$\lambda_j$ 为对偶变量，S^- 为松弛变量，表示投入过剩，S^+ 为剩余变量，表示产出不足。

线性规划(P)和对偶规划(D)都是基于投入的 C^2R 模型,即在保持现有输出的情况下追求投入的减少,设线性规划(D_g)的最优解为 θ,λ,s^-,s^+,有如下结论:

(1)若 $\theta=1$,则决策单元为弱 DEA 有效,反之也成立。

(2)若 $\theta=1$,且 $s^-=s^+=0$,决策单元为 DEA 有效,即规模且技术有效,反之也成立。

(3)$\sum\limits_{j=1}^{n}\lambda_j=1$ 表示规模收益不变,$\sum\limits_{j=1}^{n}\lambda_j<1$ 表示规模收益递减,$\sum\limits_{j=1}^{n}\lambda_j>1$ 表示规模收益递增。

相应地,C^2R 模型还可以从输出角度来判断 DMU_{j0} 的有效性,即输出导向的 C^2R,保持投入不变追求产出最大。此时线性规划模型为:

$$(P)'=\begin{cases} \min\omega^T x_0 = V'_P \\ s.t.\ \omega^T x_j - \mu^T y_j \geq 0,\ j=1,\ 2,\ \cdots,\ n \\ \mu^T y_0 = 1 \\ \omega \geq 0,\ \mu \geq 0 \end{cases} \qquad (3.15)$$

对偶规划模型为:

$$(D)'=\begin{cases} \max\theta = V'_D \\ s.t.\ \sum\limits_{j=1}^{n} x_j \lambda_j + S^- = x_0 \\ \sum\limits_{j=1}^{n} y_j \lambda_j - S^+ = \theta y_0 \\ \lambda_j \geq 0,\ j=1,\ 2,\ \cdots,\ n \\ S^- \geq 0,\ S^+ \geq 0 \end{cases} \qquad (3.16)$$

引入非阿基米德无穷小量 ε 转化为:

$$(P_\varepsilon)' = \begin{cases} \min \omega^T x_0 = V_P(\varepsilon) \\ s.t. \ \omega^T x_j - \mu^T y_j \geqslant 0, \ j=1, \ 2, \ \cdots, \ n \\ \mu^T y_0 = 1 \\ \omega^T \geqslant \varepsilon \cdot \hat{e}^T \\ \mu^T \geqslant \varepsilon \cdot e^T \end{cases} \quad (3.17)$$

$$(D)' = \begin{cases} \max \left[\theta + \varepsilon(\hat{e}^T S^- + e^T S^+) \right] = V_{D_\varepsilon} \\ s.t. \ \sum_{j=1}^{n} x_j \lambda_j + S^- = x_0 \\ \sum_{j=1}^{n} y_j \lambda_j - S^+ = \theta y_0 \\ \lambda_j \geqslant 0, \ j=1, \ 2, \ \cdots, \ n \\ S^- \geqslant 0, \ S^+ \geqslant 0 \end{cases} \quad (3.18)$$

式中，$\hat{e}^T = (1, \ 1, \ \cdots, \ 1)^T \in E_m$，$e^T = (1, \ 1, \ \cdots, \ 1)^T \in E_n$。

输出型 C^2R 模型和输入型 C^2R 模型所得到的 DEA 有效性是等价的，结论同上。

2. BC^2 模型

C^2R 模型在判断决策单元有效性时提前假设了规模效率，决策单元在增加投入时产出会以投入的同比例扩大，这就是锥形公理。因此 C^2R 模型有效是技术和规模同时有效，但如果是弱 DEA 有效，则无法分辨规模有效还是技术无效，因此，在 C^2R 模型中加入约束条件 $\sum \lambda_j = 1$，可以解决无法分辨技术效率和规模效率的问题，由此产生 BC^2 模型。BC^2 模型生产可能集为：

$$T = \left\{ (x, \ y) \ \middle| \ \begin{array}{l} x \geqslant \sum_{j=1}^{n} \lambda_j x_j, \ y \geqslant \sum_{j=1}^{n} \lambda_j y_j \\ \sum_{j=1}^{n} \lambda_j = 1, \ \lambda_j \geqslant 0, \ j=1, \ 2, \ \cdots, \ n \end{array} \right\} \quad (3.19)$$

输入型的 BC^2 模型线性规划及对偶规划为：

$$(P)'' = \begin{cases} \max(\mu^T y_{j0} - \mu_0) = V(P'') \\ \omega^T x_j - \mu^T y_j + \mu_0 \geqslant 0, \quad j = 1, 2, \cdots, n \\ \omega^T x_{j0} = 1 \\ \omega \geqslant 0, \quad \mu \geqslant 0, \quad \mu_0 \in E \end{cases} \qquad (3.20)$$

$$(D)'' = \begin{cases} \min\theta \\ \displaystyle\sum_{j=1}^{n} x_j \lambda_j \leqslant \theta x_{j0} \\ \displaystyle\sum_{j=1}^{n} y_j \lambda_j \geqslant y_{j0} \\ \displaystyle\sum_{j=1}^{n} \lambda_j = 1, \quad \lambda_j \geqslant 0, \quad j = 1, 2, \cdots, n \end{cases} \qquad (3.21)$$

引入非阿基米德无穷小 ε 对偶模型转化为:

$$(D_\varepsilon)'' = \begin{cases} \min[\theta - \varepsilon(\hat{e}^T S^- + e^T S^+)] = V_{D_\varepsilon} \\ \text{s. t. } \displaystyle\sum_{j=1}^{n} x_j \lambda_j + S^- = \theta x_0 \\ \displaystyle\sum_{j=1}^{n} y_j \lambda_j - S^+ = y_0 \\ \displaystyle\sum_{j=1}^{n} \lambda_j = 1, \quad \lambda_j \geqslant 0, \quad j = 1, 2, \cdots, n \\ S^- \geqslant 0, \quad S^+ \geqslant 0 \end{cases} \qquad (3.22)$$

模型计算出来代表决策单元的纯技术效率。设$(D_\varepsilon)''$的最优解为: λ^*, s^{*-}, s^{*+}, θ^*, 则:

(1)若 $\theta^* = 1$, 则观察决策单元为弱 DEA 有效。

(2)若 $\theta^* = 1$, 且 $s^{*-} = s^{*+} = 0$, 则观察决策单元为 DEA 有效, 表示技术有效。

通过 C^2R 模型和 BC^2 模型能够向评价者传递明确的评价信息, 以便于评价者进行下一步决策。

3. 数据包络模型步骤

使用 DEA 方法进行评价，首先需要明确问题，问题明确之后进行模型构建，构建完成之后进行分析，并得出评价结论，具体步骤如图 3-3 所示。

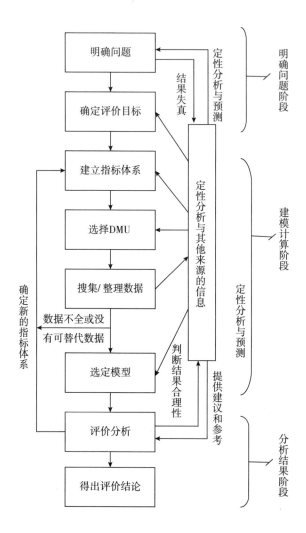

图 3-3 DEA 模型评价步骤

资料来源：笔者根据参考文献［117］绘制。

第一阶段：明确问题阶段。为保证 DEA 能够提供准确科学的信息，首先需要明确要评价的目标，并围绕目标对要评价的对象进行分析。本书应用此模型主要评价我国西部典型城市创新效率，根据上节城市创新分析，可以将城市创新按照价值链角度分为两大过程，而两个阶段的效率以及整体效率如何，需要对其进行评价，即应用模型研究目标。

第二阶段：建模计算阶段。

（1）建立指标体系。根据所明确的问题和目标，依据评价对象的特点确定能够合理评价的指标体系，并分析指标之间的关系进行权重约束或剔除操作，同时在选择指标时还应考虑指标多样性和可获得性等。

（2）选择 DMU。DEA 是根据多个同类样本之间的"相对优劣性"进行评价的，选择决策单元 DMU，就是选择这些同类样本的单元。因此，决策单元的评价目标、外部环境和输入输出指标等具有"同类型"特征，关于 DMU 个数通常认为不少于输入输出指标的两倍为宜。

（3）搜集/整理数据。DEA 对于数据要求并无量纲要求，只需保证数据的可获得性和准确性即可。

（4）选定模型。DEA 经过多年发展，模型有多种形式。根据创新效率评价问题具体分析进行模型研究。

第三阶段：分析结果阶段。针对模型计算出的数值等，对计算结果进行进一步的研究，并根据定性分析和预测的结果对评价结果的合理性进行判断，若对结果不满意，可检查输入输出指标的合理性，必要时可对模型输入输出进行调整。通过对 DEA 计算结果的分析和比较，可以得到各决策单元的有效性、相对规模收益情况等，通过信息分析，结合实际问题背景，可以为决策者提供有价值的信息。

4. DEA 评价分析模型与其他评价方法相比具备的优点

①在投入变量和产出变量不止一项时，对投入产出有效性的评价较有优势；

②在变量选择上，无须考虑指标单位问题，对数据有相应处理而不需要统一量纲；③一般评价方法往往需要对指标权重进行假设或者通过一定方法测算，容易掺杂主观因素，造成评价误差，而 DEA 方法可以根据实际数据自动得到最优权重，使评价更具客观性；④对于选择的投入和产出指标可以自动关联相关关系，而不要求使用运算公式加以表示。

二、构建新型 DEA 模型的必要性和难点

1. 必要性

经典 DEA 在评价过程中将整个生产系统看作一个"黑箱"，系统内部如何生产运行并不在考虑范围内，因此有时在效率测度上面存在较大误差[111]。对此，Fare 和 Grosskopf（2005）[112] 关注系统内部结构，将生产过程分解为几个阶段后构建了网络 DEA 计算各个阶段的效率和整体效率，他们将系统看作有很多节点的网络，并计算节点上的生产可能集，最后综合而得到网络 DEA 的生产可能集，系统效率是由距离函数得到的；随后 Kao 和 Hwang（2008）[113] 提出了串联型两阶段网络 DEA，相同要素在不同阶段权重相同；Yao 等（2009）[114] 提出子阶段效率加法模型 DEA；查勇等（2008）[115] 提出了阶段效率几何平均的 DEA 模型。而现有文献在此方面的研究刚刚起步，运用关联 DEA 研究创新效率刚刚开始应用于产业、企业创新效率的测度，将其应用于区域创新效率测度的文献明显不够。从研究成果来看，充分考虑内部结构的网络 DEA 能够更加准确地测度系统效率，城市创新可以看作创新主体通过创新活动联结的一种链式结构，根据上文创新价值链分析，采用网络 DEA 模型进行创新效率的评价更加适合。

经典 DEA 进行测算时存在的第二个问题是无法继续区分有效单元效率值。由于 DEA 是一种相对效率的评价方法，意味着效率得分是彼此比较得到的结果，DEA 针对每个决策单元的投入和产出指标进行综合比较来构建前沿面。当决策单元属于无效单元时，有小于 1 的具体效率值代表效率大小；而当单元为有效决

策单元时，效率值全部等于1，并不继续计算区分，因此无法得知这些单元效率的区别。针对这个问题，P. Anersen 等学者提出了超效率 DEA 模型，对于处于前沿面的决策单元进一步区分有效程度，效率值能够计算得到大于1的具体数值从而更具实际意义。所以如果研究者希望得到各 DMU 的精确排名的话，应该选用超效率 DEA 方法。

在进行西部典型城市创新效率问题研究时，既要运用网络 DEA 方法又要运用超效率 DEA 方法，然而，目前尚未有学者将两者结合应用。在此，本书将网络 DEA 与超效率 DEA 结合应用构建关联两阶段超效率 DEA（TSS-DEA）更加准确地反映城市创新在各阶段和整体上的有效程度，并为后续探究创新效率影响因素，寻找城市创新效率低下的原因奠定基础。

2. 模型构建难点

本书的建模难点在于：首先，超效率 DEA 属于包络形式模型的扩展，无法直接与典型的 DEA 模型进行结合，因此需要在把握超效率 DEA 模型建模思想的基础上，建立乘数形式的超效率模型；其次，要充分考虑到网络 DEA 模型的阶段结构特点，才能科学地将超效率思想嵌入进去，形成准确的评价模型。

三、关联两阶段超效率 DEA 模型（TSS-DEA）构建

假定有 n 个决策单元 DMU，每个决策单元 DMU_j（$j=1, 2, \cdots, n$）有两类资源投入：一类是 m 个初始投入 X_{ij}（$i=1, 2, \cdots, m$），参与第一阶段的生产；第二类是 h 个追加投入 X_{kj}^2（$k=1, 2, \cdots, h$），此类投入只参与到第二阶段的生产。创新产出也分为两类：一类是 q 个中间产出 Z_{pj}（$p=1, 2, \cdots, q$）；另一类是最终产出 Y_{rj}（$r=1, 2, \cdots, s$）。根据 Charnes 等基于数学规划最优化思想构建 DEA 比率模型的原理[116]，在规模报酬不变的情形下，DMU_0 的整体技术效率（E_0）定义如下：

$$E_0 = \max \frac{\sum\limits_{p=1}^{q} \omega_p^1 Z_{p0} + \sum\limits_{r=1}^{s} u_r Y_{r0}}{\sum\limits_{i=1}^{m} v_i^1 X_{i0} + \sum\limits_{p=1}^{q} \omega_p^2 z_{p0} + \sum\limits_{k=1}^{h} \xi_k X_{k0}^2} \tag{3.23}$$

其中，v_i^1 和 ξ_k 是决策变量，分别表示初始投入 X_{ij} 和中间追加投入 X_{kj} 的权重结构；ω_p^1、ω_p^2 是代表中间产出 Z_{pj} 在第一阶段和第二阶段权重结构的决策变量；u_r 为最终产出 Y_{rj} 的决策变量。

构建目标函数(3.23)既满足整体约束条件又满足各阶段独立约束条件的分式数学规划：

$$E_0 = \max \frac{\sum\limits_{p=1}^{q} \omega_p^1 Z_{p0} + \sum\limits_{r=1}^{s} u_r Y_{r0}}{\sum\limits_{i=1}^{m} v_i^1 X_{i0} + \sum\limits_{p=1}^{q} \omega_p^2 Z_{p0} + \sum\limits_{k=1}^{h} \xi_k X_{k0}^2}$$

$$\text{s. t.} \begin{cases} \dfrac{\sum\limits_{p=1}^{q} \omega_p^1 Z_{pj} + \sum\limits_{r=1}^{s} u_r Y_{rj}}{\sum\limits_{i=1}^{m} v_i^1 X_{ij} + \sum\limits_{p=1}^{q} \omega_p^2 Z_{pj} + \sum\limits_{k=1}^{h} \xi_k X_{kj}^2} \leqslant 1, \ j = 1, 2, \cdots, n \\[4ex] \dfrac{\sum\limits_{p=1}^{q} \omega_p^1 Z_{pj}}{\sum\limits_{i=1}^{m} v_i^1 X_{ij} + \psi_j} \leqslant 1, \ j = 1, 2, \cdots, n \\[4ex] \dfrac{\sum\limits_{r=1}^{s} u_r Y_{rj}}{\sum\limits_{p=1}^{q} \omega_p^2 Z_{pj} + \sum\limits_{k=1}^{h} \xi_k X_{kj}^2 + \lambda_j} \leqslant 1, \ j = 1, 2, \cdots, n \\[4ex] 0 < \alpha_i \leqslant 1; \ v_i^1, \ \omega_p^1, \ \omega_p^2, \ u_r, \ \xi_k \geqslant 0, \ i = 1, 2, \cdots, m \end{cases}$$

$$\psi_j = \begin{cases} 0, \ \text{if } j \neq 0 \\ \text{无约束}, \ \text{if } j = 0 \end{cases}$$

$$\lambda_j = \begin{cases} 0, \ \text{if } j \neq 0 \\ \text{无约束}, \ \text{if } j = 0 \end{cases} \tag{3.24}$$

令 $t = \dfrac{1}{\sum\limits_{i=1}^{m} v_i^1 X_{i0} + \sum\limits_{p=1}^{q} \omega_p^2 Z_{p0} + \sum\limits_{k=1}^{h} \xi_k X_{k0}^2}$，借助 Charnes-Cooper[117] 转换，分式

规划式(3.24)可以简化为等价的数学规划式(3.25)求解。

$$E_K = \max \sum_{p=1}^{q} W_p^1 Z_{p0} + \sum_{r=1}^{s} U_r Y_{r0}$$

$$\text{s. t.} \begin{cases} \sum\limits_{i=1}^{m} V_i^1 X_{i0} + \sum\limits_{p=1}^{q} W_p^2 z_{p0} + \sum\limits_{k=1}^{h} E_k X_{k0}^2 = 1 \\[2mm] \sum\limits_{i=1}^{m} V_i^1 X_{ij} - \sum\limits_{p=1}^{q} W_p^1 Z_{pj} \geqslant 0, \ j = 1, 2, \cdots, n, \ j \neq 0 \\[2mm] \sum\limits_{i=1}^{m} V_i^1 X_{ij} - \sum\limits_{p=1}^{q} W_p^1 Z_{pj} + \Omega_o \geqslant 0, \ j = 0 \\[2mm] \sum\limits_{p=1}^{q} W_p^2 Z_{pj} + \sum\limits_{k=1}^{h} E_k X_{kj}^2 - \sum\limits_{r=1}^{s} U_r Y_{rj} \geqslant 0, \ j = 1, 2, \cdots, n, \ j \neq 0 \\[2mm] \sum\limits_{p=1}^{q} W_p^2 Z_{pj} + \sum\limits_{k=1}^{h} E_k X_{kj}^2 - \sum\limits_{r=1}^{s} U_r Y_{rj} + \Lambda_o \geqslant 0, \ j = 0 \\[2mm] V_i^1, \ W_p^1, \ W_p^2, \ U_r, \ E_k \geqslant \varepsilon, \ i = 1, 2, \cdots, m, \ \Omega_o, \ \Lambda_o \ \text{无约束} \end{cases} \quad (3.25)$$

其中，决策变量 $V_i^1 = t v_i^1$、$W_p^1 = t w_p^1$、$W_p^2 = t w_p^2$、$E_k = t \xi_k$、$U_r = t u_r$。在求解规划式(3.25)最优解时，为避免决策变量 V_i^1、W_p^1、W_p^2、E_k、U_r 最优值为 0，界定下限为阿基米德无穷小 ε。

通过规划式(3.25)可以求解 π_i^1、π_i^2、V_i^1、W_p^1、W_p^2、E_k、U_r 的最优解组合，可进一步求出决策单元 DMU_0 两个阶段的技术效率值：

$$E_0^1 = \frac{\sum\limits_{p=1}^{q} \omega_p^1 Z_{p0}}{\sum\limits_{i=1}^{m} v_i^1 \alpha_i X_{i0}} = \frac{\sum\limits_{p=1}^{q} W_p^1 Z_{p0}}{\sum\limits_{i=1}^{m} V_i^1 X_{i0}} \quad (3.26)$$

$$E_0^2 = \frac{\sum\limits_{r=1}^{s} u_r Y_{r0}}{\sum\limits_{p=1}^{q} \omega_p^2 Z_{p0} + \sum\limits_{k=1}^{h} \xi_k X_{k0}^2} = \frac{\sum\limits_{r=1}^{s} U_r Y_{r0}}{\sum\limits_{p=1}^{q} W_p^2 Z_{p0} + \sum\limits_{k=1}^{h} E_k X_{k0}^2} \quad (3.27)$$

TSS-DEA 模型综合了网络 DEA 与超效率 DEA 两种模型的特点，与传统 DEA 方法相比，具有以下优点：一是既能够测算出研究对象的整体效率，又可以将系统内部划分阶段计算各个阶段的效率，有利于掌握研究对象内部运行情况，发现薄弱环节，制定更具针对性的措施；二是在进行阶段和整体效率测算时均可以对处于有效前沿面的单位进行排序，避免出现有效单元过多而无法比较的问题，使效率研究结果更加明确，易于分析。

第四节　西部典型城市创新效率评价结果分析

一、创新效率评价结果

1. 传统 DEA 模型效率测算

首先，选取第一阶段和第二阶段 3 个投入指标和最终 4 个产出指标构建评价体系，利用 MATLAB 工具根据传统 DEA（C^2R）规划公式编程运算得到西部典型城市 2011~2015 年创新综合技术效率得分，如表 3-4 所示。

表 3-4　2011~2015 年西部典型城市创新效率计算结果（C^2R 模型）

城市	2011 年	2012 年	2013 年	2014 年	2015 年	平均
呼和浩特	0.483	0.501	0.303	0.376	0.346	0.402
包头	1.000	0.903	0.749	0.955	1.000	0.921
南宁	0.874	0.783	0.869	0.721	0.696	0.789
重庆	0.601	1.000	1.000	0.999	1.000	0.920
成都	1.000	0.692	0.977	0.536	1.000	0.841
贵阳	0.457	0.410	0.370	0.357	0.443	0.407

续表

城市	2011 年	2012 年	2013 年	2014 年	2015 年	平均
遵义	0.165	0.189	0.207	0.194	0.256	0.202
昆明	0.765	0.614	0.625	0.619	0.664	0.657
西安	1.000	0.979	1.000	1.000	1.000	0.996
宝鸡	0.274	0.255	0.302	0.308	0.418	0.311
兰州	1.000	1.000	0.973	0.977	1.000	0.990
银川	0.412	0.347	0.326	0.371	0.289	0.349
西宁	0.392	0.417	0.452	0.654	0.639	0.511
乌鲁木齐	0.669	0.810	0.781	0.926	0.949	0.827

资料来源：笔者自行计算。

从结果可以看出，西安、兰州、包头、重庆创新综合效率较高，遵义、宝鸡、银川和呼和浩特创新综合效率值较低，其他城市处于中间水平。从计算结果虽然能够看出城市创新效率的综合比较，但是城市创新技术研发阶段和经济转化阶段的效率分别如何无法判断。另外，结果中出现了 14 个效率为 1 的值，给城市创新效率时间序列变化分析造成了不便，如西安市 5 年创新效率值中有 4 年为 1，无法对西安创新发展进行判断分析。综上分析，传统 DEA 在城市创新效率测算时存在的不足使得研究分析受到较大限制，因此需要利用新的 DEA 方法进行再次测算。

2. TSS-DEA 模型效率测算

利用 MATLAB 工具根据关联两阶段超效率 DEA 规划公式编程运算，得到西部典型城市 2011~2015 年综合创新效率 E 得分，如表 3-5 所示。

表 3-5 2011~2015 年西部典型城市创新综合效率计算结果（TSS-DEA）

城市	2011 年	2012 年	2013 年	2014 年	2015 年	平均	排名
呼和浩特	0.347968	0.355891	0.439882	0.333919	0.397054	0.3749	12
包头	0.348715	0.407855	0.269042	0.21204	0.175535	0.2826	14
南宁	0.278156	0.327804	0.352159	0.462209	0.671289	0.4183	10

续表

城市	2011 年	2012 年	2013 年	2014 年	2015 年	平均	排名
重庆	0.908553	0.756332	0.755405	0.82676	1.218238	0.8931	2
成都	0.597212	0.907416	0.973652	1.115069	0.913985	0.9015	1
贵阳	0.620320	0.652411	0.686474	0.74760	1.187034	0.7788	4
遵义	0.537301	0.429095	0.551224	0.523744	0.667066	0.5417	8
昆明	0.555827	0.590632	0.568436	0.553094	0.576792	0.5690	7
西安	0.450373	0.452949	0.500062	0.550118	0.548073	0.5003	9
宝鸡	0.444906	0.485667	0.656147	0.784797	0.753157	0.6249	6
兰州	0.636355	0.312895	0.300047	0.317361	0.34726	0.3828	11
银川	0.819291	0.541138	0.560817	0.537105	0.679125	0.6275	5
西宁	0.321955	0.30653	0.556534	0.308011	0.322884	0.3632	13
乌鲁木齐	0.593552	0.655217	0.788505	0.883377	1.132543	0.8106	3
平均	0.5329	0.5130	0.5685	0.5825	0.6850	—	—

资料来源：笔者自行计算。

西部典型城市创新阶段效率得分如表 3-6 所示。

表 3-6　2011~2015 年西部典型城市创新阶段效率计算结果（TSS-DEA）

城市	技术研发阶段 E1					经济转化阶段 E2				
	2011 年	2012 年	2013 年	2014 年	2015 年	2011 年	2012 年	2013 年	2014 年	2015 年
呼和浩特	0.347	0.360	0.333	0.275	0.191	0.350	0.348	0.603	0.436	0.652
包头	0.103	0.104	0.123	0.105	0.102	0.736	0.821	0.479	0.398	0.368
南宁	0.204	0.213	0.255	0.318	0.439	0.498	0.362	0.381	0.519	0.776
重庆	0.702	0.937	0.863	0.858	0.759	1.076	0.596	0.652	0.797	1.348
成都	0.945	0.764	1.063	1.010	0.996	0.457	0.973	0.942	1.115	0.873
贵阳	0.482	0.437	0.580	0.601	0.485	0.841	1.144	0.842	0.773	1.390
遵义	0.326	0.265	0.775	0.803	1.328	0.757	0.609	0.262	0.176	0.169
昆明	0.999	1.036	0.999	0.947	1.075	0.142	0.189	0.164	0.162	0.135
西安	0.387	0.544	0.808	0.929	0.955	0.450	0.453	0.137	0.337	0.327

续表

城市	技术研发阶段 E1					经济转化阶段 E2				
	2011 年	2012 年	2013 年	2014 年	2015 年	2011 年	2012 年	2013 年	2014 年	2015 年
宝鸡	0.369	0.354	0.401	0.402	0.263	0.534	0.638	0.656	0.785	0.753
兰州	0.302	0.306	0.382	0.414	0.417	0.636	0.313	0.086	0.084	0.224
银川	0.481	0.727	0.754	0.677	1.601	0.819	0.357	0.383	0.397	0.180
西宁	0.327	0.208	0.257	0.306	0.315	0.308	0.409	0.952	0.312	0.348
乌鲁木齐	0.602	0.492	0.506	0.543	0.465	0.585	0.857	0.789	0.883	1.133
平均	0.470	0.482	0.578	0.585	0.671	0.585	0.576	0.523	0.512	0.620

资料来源：笔者自行计算。

对西部典型城市创新效率整体发展情况，绘制 2011～2015 年创新效率变化趋势如图 3-4 所示。

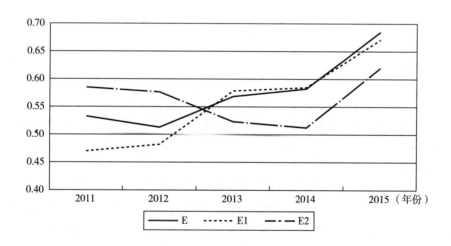

图 3-4 2011～2015 年西部典型城市创新平均效率变化趋势

资料来源：笔者根据前文结果绘制。

对西部典型城市 2011～2015 年创新综合效率及分阶段效率取平均值进行分析，结果如图 3-5 所示。

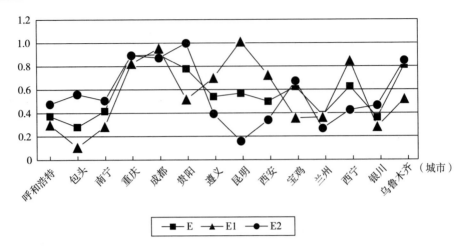

图 3-5   2011～2015 年西部典型城市创新效率情况

资料来源：笔者根据前文结果绘制。

二、结果分析

（1）从整体时间序列上看，西部典型城市 2011～2015 年综合创新效率均值分别为 0.5329、0.5130、0.5685、0.5825、0.6850，2012 年创新效率最低，2012 年之后西部典型城市创新效率呈现上升趋势。技术研发阶段效率平均值分别为 0.470、0.482、0.578、0.585、0.671，可以看出第一阶段的效率值保持增长趋势，效率越来越高；经济转化阶段效率值为 0.585、0.576、0.523、0.512、0.620，与第一阶段的增长趋势相反，2011～2014 年效率一直下降，直到 2015 年上升达到 0.62 并超过之前年份。可以看出，5 年间西部典型城市整体在技术研发阶段创新效率有了较大提升，而第二阶段经济转化效率未能同样增加，导致创新综合效率出现下降情况或者增长缓慢，但到 2015 年，两阶段的效率均有了较大增长，经济转化效率转为增加趋势，因此创新效率上升明显，发展趋势良好。

（2）根据城市综合效率排序可以看出，成都市创新综合效率位于西部 14 个创新典型城市第一位，5 年创新综合效率平均值为 0.9015，重庆和乌鲁木齐分居第二和第三位，包头市创新综合效率平均值仅为 0.2826。根据排序和综合效率值可以将西部创新典型城市分为三类，第一类包括包头、呼和浩特、西宁、兰州、银川、南宁，属于综合效率较低的城市，综合效率值处于 0.1~0.5；第二类包括西安、遵义、昆明、宝鸡，综合效率值处于 0.5~0.7，属于综合效率一般的城市；第三类包括贵阳、乌鲁木齐、重庆、成都，综合效率值大于 0.7，为综合效率较高的城市。

（3）通过计算各市阶段创新效率值平均值可以看出，技术研发阶段效率值较高的城市有成都、西宁、重庆、西安等市，经济转化阶段效率值较高的有贵阳、乌鲁木齐、成都、重庆等市。根据两阶段效率值计算西部典型城市两阶段创新效率平均值为 0.5571 和 0.5634，以此为界限将 14 个西部创新典型城市分为四类，二维分布如图 3-6 所示。

第一象限城市包括包头、南宁、呼和浩特、银川、兰州，为低研发低转化型，技术研发阶段和经济转化阶段效率值均处于较低水平。结合前文分析中的分类，这些城市综合效率值属于效率较低的城市，需要从源头开始提高技术研发阶段的效率，同时提高知识和技术转化效率，同时提高两阶段创新效率。

第二象限包括遵义、西安、西宁和昆明，为高研发低转化型，这一类型城市第一阶段的效率明显强于第二阶段的效率，经济转化效率是导致创新综合效率落后的主要原因。

第三象限包括贵阳、乌鲁木齐和宝鸡，为低研发高转化型，第二阶段的效率相对第一阶段的效率要好，说明这部分城市相对于经济转化效率，技术研发阶段效率不高，应着重提高技术研发能力。

第四象限包括重庆和成都，为高研发高转化型，这两个城市两阶段创新效率都较高，综合创新效率也位于西部创新典型城市前列，说明创新两阶段发展良好且较为平衡。

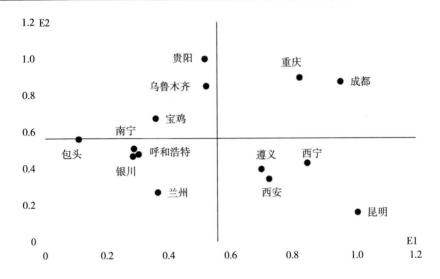

图 3-6　西部典型城市阶段效率二维矩阵分布

资料来源：笔者根据效率测算结果绘制。

第五节　本章小结

本章从创新价值链的角度将城市创新活动分为技术研发和经济转化两个阶段，利用结合了网络 DEA 和超效率 DEA 方法的关联两阶段超效率 DEA 模型，对 2011~2015 年西部典型城市创新效率进行了评价，并进行了对比分析。效率测算结果显示，5 年间西部典型城市整体上创新综合效率和技术研发阶段创新效率有了较大提升，而经济转化阶段效率值出现下降情况，这是导致创新综合效率出现下降或者增长缓慢的主要原因；西部典型城市之间创新效率差距明显，通过阶段性效率二维矩阵可以分为高研发高转化、低研发高转化、高研发低转化、低研发低转化四种类型。

第四章　西部典型城市创新效率
影响因素路径

本章基于已有研究成果，对西部典型城市创新效率的影响因素进行梳理，根据第三章效率计算结果和影响因素指标进行实证分析。通过因子分析对效率影响因素进行筛选分类，利用 PLS-SEM 方法构建路径模型，从创新环境、创新主体特征和创新交流三个方面分析了西部典型城市创新效率影响因素路径关系。

第一节　西部典型城市创新效率影响因素分析

一、已有创新影响因素研究归纳

西部典型城市创新试点工作开展以来，虽然通过加大创新投入，在一定程度上带动了城市创新发展，但是随着经济增速放缓，经济社会发展进入经济新常态，经济发展由要素驱动、投资驱动转变成为依靠创新驱动，依靠增加创新投入驱动创新发展的方式已经难以为继，不仅给当地政府带来了较大的负担，也会造成资源浪费，不能达到预期创新能力提升。创新能力的提升应从量的追求转变为对质的追求，提升创新效率成为城市创新发展的关键。通过第三章的创新效率可知，西部典型城市之间差距明显，仅从投入-产出方面无法分析效率差距原因，有必要对创新效率影响因素进行探索。目前，已有部分学者对区域创新系统效率影响因素进行研究，为本书研究西部典型城市创新效率影响因素奠定了良好的基础，对国内外主要文献研究进行归纳整理，如表4-1所示。

表4-1　创新效率影响因素研究归纳

研究对象	影响因素	作者
区域创新能力	研发合作 产业结构 经济规模 人口密度	Fritsch（2004）[118]，Fritsch 和 Slavtchev[119]
区域创新能力	生产结构 风险资本可得性 知识存量 区域市场 文化偏好 经济发展水平 人力资本	Buesa 等（2006，2010）[120,121]
区域创新效率	研发投入资源分配关系 政府和金融部门支持 技术提供者和技术使用者联系 创新主体与国外资源联系 产业结构和集群	李习保（2007）[42]
国家创新能力	创新基础设施 产业集群创新环境 科研与产业部门联系的质量 国际技术的吸收能力	魏守华（2008）[40]
区域创新能力	创新主体水平 创新主体间联系 政府支持 金融机构支持 产业结构	Li（2009）[122]

续表

研究对象	影响因素	作者
区域创新效率	劳动者素质 基础设施 政府行为 对外开放 产业结构	李婧等 (2009)[43]
区域创新效率	政府支持 金融系统	Junhong Bai (2013)[123]
城市创新能力	创新主体 资源禀赋 市场环境 内部平台 全球联系 公共制度	倪鹏飞等 (2011)[46]
区域创新能力	知识产权 制度环境 国际贸易和投资 私有研发资金 风险资本 技术市场规模	González-Loureiro 和 Pita-Castelo (2012)[124]
区域创新能力	区域知识和生产基础设施条件 区域制度条件 劳动力水平及可得性 公共及私有创新支持服务水平	Miika 和 Hannu (2012)[125]
区域创新能力	区域基础设施水平 金融系统发展水平 劳动力水平 创业水平 市场需求程度	Liu 等 (2014)[126]
城市创新能力	研发投入 经济外向度 工业基础 创新政策 高等教育基础	王俊松等 (2017)[48]

通过表4-1可以看出,现有文献学者通过不同角度对国家或者区域创新能力、效率的影响因素效率进行了分析,且影响因素多种多样,涉及区域经济社会的各个方面,在西部典型城市创新研究中可以进行借鉴;同时也可以看到研究较

为零散，并未形成系统性的研究，针对中国西部地区的专门研究尚属空白。基于此，归纳已有文献，本书从城市创新价值链角度对西部城市创新效率影响因素进行分析。

二、西部典型城市创新效率影响因素梳理

1. 技术研发阶段

技术研发阶段包括基础研究、应用研究和实验与发展三部分，该阶段以发现新理论、产生新知识、开发新技术为主要任务，认识和把握自然界和社会发展的基本规律。从我国西部典型城市现实情况来看，技术研发阶段主要是由大学和科研机构完成的。创新前期的基础研究往往研究成本高、投入大、风险高，不能立即产生经济效益，很多企业尤其是中小企业并不愿意进行科学知识生产。在这种情况下，高校和科研机构就撑起大部分的技术基础应用发展研究。高校和科研机构一是为企业技术创新提供基础知识和大量的科研成果，很多高校和科研机构所进行的基础性研究成为企业创新活动的依赖[127]。二是高校与科研机构为企业的技术创新活动输送了大量知识型、技术型人才和现代高级管理人才，提高企业的知识生产率并增强知识应用效果。三是高校与科研机构还可以直接将自己的成果产业化，创办创业中心、技术评估中心，以及大学科技园等，催生大批科技型和知识性企业。因此在第一阶段，高校与科研机构的建设和研发能力成为主要影响因素。高校与科技机构的建设一般由政府主导，研发活动也受到政府引导的较大影响，因此政府对于高校科研机构的支持也是这一阶段的重要影响因素。

2. 经济转化阶段

经济转化阶段主要实现科技成果转化为新的产品、工艺、技术进行商业化、市场化、产业化应用。虽然在此阶段仍然需要高校和科研机构参与继续研究，但企业是主体力量。基于技术研发阶段研究成果，企业可以研究产生新的产品，或者产出改进后的产品，或者改变生产的手段和技术，改变产品的制造流程。当新

的产品或工艺形成后，企业即可寻找市场，形成产业化发展，最终为企业及城市产生经济效益。在此阶段，企业的特征和研发能力是最主要的影响因素。企业的研发建立在成本利润基础之上，一切为企业收益服务。同时，城市中产业结构的变迁对城市经济转化阶段的创新影响作用。由于不同行业的知识基础、投资要求以及创新过程存在差异，工业结构影响创新效率。一般来说，处于生命周期前期的产业能够具有更多的创新机会，产出的创新成果更多，创新效率更高，处于生命周期后期的产业创新相对较少[128]，因此城市中产业发展情况也是此阶段重要的影响变量。在西部城市经济发展水平不高、技术型企业比例较小的地区，很多企业不愿承担研发风险而研发动力不足，政府对于企业研发的支持就格外重要，主要有政府资金支持、税收、研发鼓励等相关政策因素。

3. 创新价值链整体影响因素

（1）政府。在技术研发和经济转化两阶段中，政府对高校和科研院所的研发支持、对企业的研发支持，以及不同政策的制定实施是两阶段创新效率的重要影响因素。除此之外，政府在城市创新价值链整体也有着不容忽视的其他影响。西部典型城市的创新活动受到国家政府和地方政府的直接指导，在创新过程中，政府既进行创新相关政策的制定，也直接参加城市创新活动。在创新价值链运行过程中，政府主要通过下面三个方面发挥作用：一是协调城市创新机制运行，促进创新资源的合理配置；二是通过参与创新机制运行弥补西部典型城市市场作用的缺陷；三是通过制定政策、组织控制和直接投入的方式对企业、高校和科研机构、创新服务机构进行创新指导和管理。

（2）创新环境。城市创新环境是指城市内部创新体和周围事物相互作用而形成的相对稳定的网络系统。欧洲创新研讨小组（GREMI）将创新环境定义为"在一定的地理区域内，创新主体通过相互之间的互动和协同过程，形成的有利于区域创新发展的非正式的一种复杂社会关系"[129]。城市创新环境与城市创新价值链运行具有相互影响、相互作用的关系。一方面，城市的环境特点会对创新主体的发起和参与创新活动产生影响，良好的创新环境可以对创新活动起到正向影响；另一方面，城市创新价值的实现又会对城市环境产生作用，通常创新活动的繁荣会促进环境的提升。创新环境对城市创新活动通常具有支持和增强作用，是城市创新效率的重要影响因素之一。基于第二章西部典型城市创新系统中创新环境的分析，主要从经济环境、基础设施环境、政策环境、文化环境和生态环境五个方面进行分析环境对于城市创新的影响。

1）经济环境。经济环境指城市中与创新活动有密切关联的诸多经济要素产生的经济活动和构建的经济条件。熊彼特创新理论将创新解释为经济和技术紧密结合的活动，创新活动是推动经济发展和社会进步的巨大动力。而反过来，经济社会发展也是创新活动的动力因素，经济社会发展为创新提供了必需的环境支持[130]。新增长理论认为，技术创新是区域经济系统中的内在因素，因此地区经济的发展进步对于地区技术进步有积极影响[131]。创新过程需要大量人力、物力，随着创新持续的进步，所需要的投入会更加巨大和复杂，而经济环境状况良好的城市能够更好地提供创新要素，支持创新活动的开展。经济的发展也会带动创新要素的发展，如吸引高技术产业投资，吸引更多的高技术人才聚集，推动教育事业发展提供更好的人才等。综上所述，创新的经济环境可以从经济水平、消费水平、城镇化建设程度、对外开放程度等方面进行衡量。

2）基础设施环境。基础设施环境指与创新活动相关的城市基础设施建设水平，如道路、通信等基础设施的建设环境。基础设施建设良好的城市，城市内部交通便利，信息交流顺畅，创新活动开展的成本越低。一个基础设施完善的城市也有利于聚集高层次科技人才，企业有更好的条件利用新技术开发新的产品。通常城市基础设施包括信息水平与交通物流两个方面[132]，这两方面的建设对城市创新活动有着较为明显的影响作用。

3）政策环境。在城市创新发展过程中，政府的作用是不言而喻的。一方面，政府通过财政科技支出、设立科技基金、研发资助等手段对城市创新活动进行直接支持；另一方面，政府是城市创新政策的制定者，制定财政、产业、税收、技术、人才等各方面与创新相关的政策，引导资源配置，支持创新活动[133]。西部城市创新发展相对落后，在创新发展过程中政府政策作用更加明显。同时创新试点城市作为重点培育对象，国家层面对推进创新型城市试点工作会出台相应规划、指引等配套政策，对试点城市创新工作的开展有着重要的引导和推动作用。整理西部典型城市的创新政策，主要包括人才政策、知识产权保护政策、产业扶持政策、企业的创新激励政策以及创新产业园区建设和管理等方面，这些创新政策的落实对城市创新活动有着重要影响。

4）文化环境。创新文化环境指城市中影响创新活动的深层次的社会文化环境。城市创新活动的发生对创新文化具有依赖性，对于创新充足的认识和足够的重视往往可以促进创新知识的扩散和创新机会的出现。同时，良好的社会文化环境意味着城市知识资源的充足，为创新知识研究开发提供良好的基础。

5）生态环境。西部地区粗放型的经济增长方式对西部城市的生态环境造成了破坏，许多西部城市以资源型产业为主导产业，经济快速增长是以高耗能、高污染为代价，严重透支了资源和环境。转变经济方式，实现可持续发展成为新的共识，而经济增长的转变依赖技术创新。城市生态环境对创新具有的作用分为两个方面，一方面生态环境恶劣会驱动技术创新转变发展方式，改善环境状况；另一方面良好的生态环境有助于吸引人才，促进城市创新发展。城市创新环境概括起来包含污染物的治理和城市绿化建设两个方面。

（3）网络联系。创新价值链的构成是由各个既相互独立又相互联系的创新主体活动连接起来的，是一个创新链条的集合，这个集合是一个复杂的网络系统，既包含不同的主体、不同的创新活动，又包含链条之间的节点联络关系。城市创新网络联系可以从主体之间的联系进行反映，城市创新活动不仅需要各个主体发挥自身优势开展创新活动，还需要主体之间的良性互动。

从 20 世纪开始已有学者强调创新主体之间的合作关系，R. Rothwell 等

（1980）[134] 将高校和科研机构作为同等于企业地位的创新主体进行研究，认为创新活动需要创新主体的动态整合；Fritsch M.（2002）[135] 认为企业与高校之间的合作能够促进产业结构升级，提高区域创新能力；连燕华和马晓光（2001）[136] 认为产学研紧密结合对于推动科技和经济的结合具有重要作用。2006 年国务院颁布的《国家中长期科技发展规划纲要（2006—2020 年）》中把建设"以企业为主体、产学研结合的技术创新体系"作为全面推进国家创新体系建设的突破口，产学研合作就此被提升到了国家战略层面。亨利·埃兹科维茨和罗伊特·劳德斯多夫基于生物学三螺旋原理的政产学研三重螺旋体模型指出，创新模型由政府、产业和高校、科研机构分别代表行政链、生产链和科学链缠绕构成，三方相互作用、密切合作形成一个有机整体，同时又保持相互独立[137]。

根据第二章西部典型城市创新系统的四大主体为政府、企业、高校和科研机构以及中介服务机构，而基于西部典型城市现实情况来看，科技中介服务业的作用并不突出，部分城市如遵义、西宁等科技中介服务刚刚起步，与其他主体之间的联结关系可以忽略不计，因此本章在分析网络联系时不考虑科技中介服务主体，集中分析其他三个主体之间的联系对于创新的影响作用。高校与科研机构主要进行创新价值链前期知识基础研究、技术应用和实验，形成知识理论基础，企业处于经济市场之中，所进行的研发活动以市场需求为导向，集中在价值链的后期的技术转化方面。高校与科研机构可以提供企业接触前沿技术的途径，助力企业进行技术转化，开发出新的产品。高校和科研机构所进行的基础研究产生新的发现后，企业认识到其实用价值与高校或科研机构进行合作，同时企业对于高校及科研机构在经费方面的直接资助，进行的创新咨询活动以及科研人才的交流也很重要。政府作为城市创新的另一大主体，一方面通过宏观政策的引导、促进创新法律法规的实施、基础设施等措施为高校和企业营造良好的创新环境；另一方面通过财政科技支出、税收优惠及研发基金等方式对创新活动进行直接资助从而作用于高校和企业的创新研发。三大主体之间的网络关系越紧密，创新信息、资源的传递越迅速，合作效率越高。

对上述影响因素进行总结，如图 4-1 所示。

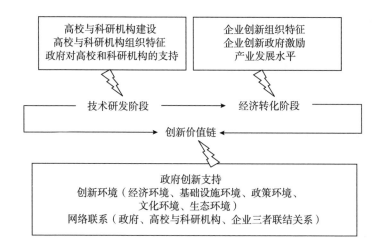

┌─────────────────────────────┐   ┌─────────────────────────────┐
│   高校与科研机构建设   │   │   企业创新组织特征   │
│   高校与科研机构组织特征   │   │   企业创新政府激励   │
│   政府对高校和科研机构的支持 │   │   产业发展水平   │
└─────────────────────────────┘   └─────────────────────────────┘

技术研发阶段 ───────────→ 经济转化阶段

创新价值链

┌──┐
│   政府创新支持   │
│   创新环境（经济环境、基础设施环境、政策环境、   │
│   文化环境、生态环境）   │
│   网络联系（政府、高校与科研机构、企业三者联结关系）   │
└──┘

图 4-1 西部典型城市创新效率影响因素梳理

资料来源：笔者绘制。

三、影响因素指标因子分析

1. 指标选取和数据收集

基于前文西部典型城市创新效率影响因素梳理，结合西部典型城市数据统计现状，选取合适的指标对各因素进行衡量，指标选取及对应因素统计如表 4-2 所示。政策环境涉及政策种类较多，城市之间政策不同且不易量化，难以实现指标数据的收集，在此归类于政府创新支持中统一量化。

表 4-2 西部典型城市创新效率影响因素指标体系

影响因素	指标选取
高校科研机构建设	万人在校大学生数
	科研机构从业人员占总就业人员比重

续表

影响因素	指标选取
高校与科研机构创新特征	高校与科研机构研发投入比重
政府对高校与科研机构支持	财政支出中教育支出所占比重
企业创新组织特征	研发经费投入企业资金比重
	规模以上工业企业有研发活动的企业比重
企业创新政府激励	企业研发经费内部支出中政府资金比重
产业发展	工业企业增加值占 GDP 比重
	第三产业占 GDP 比重
政府创新支持	财政支出中科技支出比重
	研发经费投入政府资金比重
经济环境	人均 GDP
	城镇化率
	城镇居民人均可支配收入
	对外贸易总额占 GDP 比重
基础设施环境	人均道路面积
	互联网普及率
文化环境	每百人公共图书馆藏书量
生态环境	污水处理率
	建成区绿化覆盖率
网络联系	高校与科研机构科研经费中企业资金所占比重
	技术市场交易金额占 GDP 比重

资料来源：笔者绘制。

在收集 2009~2015 年西部典型城市面板数据进行实证分析时，由于部分指标数据如"科研机构从业人员""高校与科研机构研发投入比重"在部分西部典型城市中未进行过统计，因此无法获取，此种情况下统计所在省相同指标数据并根据一定比例计算获得，比例数值参考当年城市研发经费投入与所在省区研发经费投入的比例值确定。为避免时间序列趋势对结果的影响，采用三项移动平均法处理各市数据，始端和末端数据使用插值法补齐。

2. 因子分析

从所选择的影响因素可以看出，价值链上的影响因素之间相互关联具有明显交叉性，为避免影响因素指标选取出现重复性，利用统计工具 SPSS 对西部典型城市创新效率影响因素指标进行全局因子分析，使各指标关系更加明确，提取更加合理的影响因素指标。

在进行因子分析之前，需要对效率影响因素变量进行 KMO 和 Bartlett 球形检验，KMO 值越大，表明变量受共同因子影响越大，越适合进行因子分析，一般认为不小于 0.6 为宜；Bartlett 球形检验显著度 P 不大于 0.05 为宜。对西部典型城市创新效率影响因素指标数据进行 KMO（Kaiser-Meyer-Olkin）检验、Bartlett球形检验，首轮检验显示相关矩阵呈现非正定性，分析认为指标之间存在高度相关性引起，因此首先对指标进行相关性分析。分析结果显示"研发经费投入企业资金比重"和"研发经费投入政府资金比重"之间呈现高度负相关；"工业企业增加值占 GDP 比重"和"第三产业占 GDP 比重"呈现高度负相关。根据四个因子与其他因子的相关关系决定剔除"研发经费投入企业资金比重"和"工业企业增加值占 GDP 比重"两个指标。将剩余 20 个指标再次进行检验，表 4-3 结果显示 KMO 值为 0.670 大于 0.6，Bartlett 球形检验显著度 P 为 0，表明效率影响因素指标数据适合进行因子分析。

表 4-3　创新效率影响因素 KMO 和 Bartlett 球形检验

KMO 和 Bartlett 球形检验		
KMO 度量		0.670
Bartlett 球形检验	近似卡方	1447.420
	df	171
	Sig.	0.000

资料来源：笔者绘制。

将表4-4 20个指标利用主成分分析法抽取主成分，表4-5的分析结果中各部分分别代表成分、初始特征值以及提取平方和载入，根据结果西部典型城市数据总共提取了6个主要的成分，这6个成分可以解释总变异的72.892%；变量解释贡献率和旋转成分矩阵如表4-5和表4-6所示。命名提取的公因子为F1、F2、F3、F4、F5、F6，在SPSS中可另存为新的变量。继续利用SPSS工具分析公因子与第三章得到的创新综合效率值相关性，结果显示公因子F3、F5和F6相关系数较小，而F1、F2和F4相关系数均大于0.6，因此剔除相关性较小的F3、F5和F6，保留具有良好相关度的F1、F2和F4。

表4-4　创新效率影响因素公因子方差（20项）

	起始	提取
万人在校大学生数	1.000	0.848
科研机构从业人员占总就业人员比重	1.000	0.761
高校与科研机构研发投入比重	1.000	0.837
财政支出中教育支出所占比重	1.000	0.610
规模以上工业企业有研发活动的企业比重	1.000	0.805
企业研发经费内部支出中政府资金比重	1.000	0.832
第三产业占GDP比重	1.000	0.856
财政支出中科技支出比重	1.000	0.606
研发经费投入政府资金比重	1.000	0.819
人均GDP	1.000	0.799
城镇化率	1.000	0.800
城镇居民人均可支配收入	1.000	0.843
对外贸易总额占GDP比重	1.000	0.818
人均道路面积	1.000	0.769
互联网普及率	1.000	0.783
每百人公共图书馆藏书量	1.000	0.680
污水处理率	1.000	0.734
建成区绿化覆盖率	1.000	0.872
高校与科研机构科研经费中企业资金所占比重	1.000	0.676

续表

	起始	提取
技术市场交易金额占 GDP 比重	1.000	0.715

注：提取方法：主成分分析法。

资料来源：笔者绘制。

表 4-5　创新影响因素因子变量解释贡献率

成分	解释的总方差					
	初始特征值			提取平方和载入		
	合计	方差的百分比（%）	累计方差贡献率（%）	合计	方差的百分比（%）	累计方差贡献率（%）
1	5.522	27.611	27.611	5.522	27.611	27.611
2	3.066	15.328	42.939	3.066	15.328	42.939
3	2.042	10.211	53.150	2.042	10.211	53.150
4	1.667	8.334	61.484	1.667	8.334	61.484
5	1.266	6.331	67.815	1.266	6.331	66.180
6	1.015	5.076	72.892	1.015	5.076	72.892
7	0.956	4.778	77.670			
8	0.892	4.461	82.131			
9	0.732	3.661	85.792			
10	0.579	2.894	88.687			
11	0.514	2.571	91.258			
12	0.443	2.215	93.473			
13	0.316	1.578	95.052			
14	0.257	1.285	96.337			
15	0.222	1.110	97.447			
16	0.169	0.846	98.292			
17	0.136	0.680	98.972			
18	0.091	0.457	99.429			
19	0.070	0.350	99.779			
20	0.044	0.221	100.000			

注：提取方法：主成分分析法。

资料来源：笔者绘制。

表 4-6　旋转成分矩阵

	成分					
	1	2	3	4	5	6
万人在校大学生数	0.489	0.364	0.190	0.086	0.332	0.305
科研机构从业人员占总就业人员比重	0.004	0.858	0.088	−0.057	−0.046	−0.092
高校与科研机构研发投入比重	−0.149	−0.088	−0.038	0.177	0.865	−0.051
财政支出中教育支出所占比重	0.632	0.059	0.054	0.230	0.037	0.339
规模以上工业企业有研发活动的企业比重	−0.059	0.843	0.209	0.039	−0.142	0.080
企业研发经费内部支出中政府资金比重	0.013	0.866	−0.043	0.109	−0.023	−0.144
第三产业占 GDP 比重	0.583	0.218	−0.010	0.151	0.539	0.328
财政支出中科技支出比重	0.403	0.620	0.305	0.317	0.141	0.204
研发经费投入政府资金比重	0.263	0.703	−0.088	0.138	0.482	0.068
人均 GDP	0.672	−0.120	0.517	−0.233	−0.076	−0.006
城镇化率	0.868	0.146	0.156	0.151	−0.043	−0.017
城镇居民人均可支配收入	0.307	0.149	0.826	−0.139	−0.005	−0.038
对外贸易总额占 GDP 比重	0.221	0.307	0.035	0.779	0.064	−0.095
人均城市道路面积	0.643	−0.079	0.494	−0.235	0.116	−0.177
互联网普及率	0.357	0.113	0.123	0.495	0.095	−0.105
每百人公共图书馆藏书量	0.659	−0.101	−0.054	−0.112	−0.210	0.162
污水处理率	0.107	−0.044	0.756	0.300	−0.212	−0.041
建成区绿化覆盖率	0.037	0.090	0.132	0.027	−0.016	−0.880
高校与科研机构科研经费中企业资金所占比重	−0.297	−0.097	0.021	0.709	0.130	0.120
技术市场交易金额占 GDP 比重	0.097	0.241	0.120	0.482	0.128	−0.043

注：旋转方法：具有 Kaiser 标准化的正交旋转法；a. 旋转在 6 次迭代后收敛。
资料来源：笔者绘制。

　　根据表 4-6 因子旋转成分矩阵，F1 可以看成是由"万人在校大学生数""财政支出中教育支出所占比重""人均 GDP""城镇化率""人均城市道路面积""每百人公共图书馆藏书量"所刻画的反映城市创新环境的综合指标，命名为创新环境；F2 可以看成是由"科研机构从业人员占总就业人员比重""规模以上工业企业有研发活动的企业比重""企业研发经费内部支出中政府资金比重""财政支出中科技支出比重""研发经费投入政府资金比重"反映创新主体特征的综合指标，命名为创新主体特征；F4 可以看成是由"对外贸易总额占 GDP 比重" "互联网普及率""高校与科研机构研发经费中企业资金所占比重""技术市场交易金额占 GDP 比重"所刻画的反映城市创新交流的综合指标，命名为创新交流。通过以上分析最终保留创新环境、创新主体特征和创新交流三个方面的 15 个影响因素进行后续分析，如图 4-2 所示。

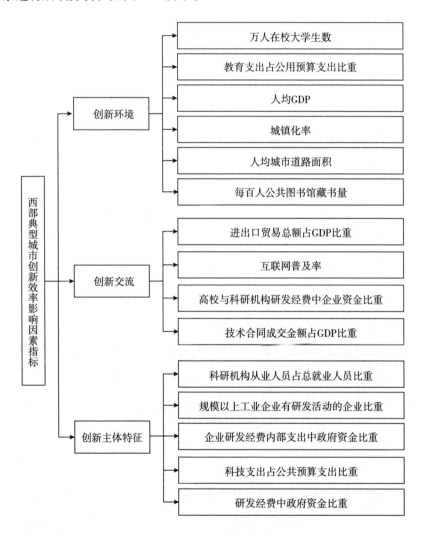

图 4-2 西部典型城市创新效率影响因素

资料来源：笔者绘制。

第二节 创新效率影响因素路径分析

一、结构方程模型选择

有关创新效率影响因素的分析方法主要有随机前沿方法、因子分析法、回归模型及结构方程等，李婧等（2009）[43] 利用随机前沿法对中国 30 个省、自治区、直辖市效率影响因素进行了分析；颜莉和张军（2011）[50] 通过因子分析法对武汉市区域创新体系影响因子进行了实证研究；白俊红等（2009）[26] 和郭淡泊等（2012）[27] 都基于 DEA-Tobit 两步法首先对省域创新效率进行评价，并采用 Tobit 回归分析法对效率影响因子计算了影响系数；谭俊涛等（2016）[45] 对中国区域创新效率评价之后，利用回归模型分析了 9 个影响因素与创新效率的关系；郑琼洁等（2011）[47] 和李楠等（2016）[138] 都选择了结构方程模型来分析城市或者区域创新发展的关键因素。传统方法大多分析因素与效率值的直接影响关系，不考虑因素之间的相互影响作用。影响城市创新效率的因素中包含多个因素，因素和因素之间、因素和效率之间存在多种因果关系。为了能够进一步探讨影响因素之间的作用关系、影响因素对创新效率的作用机理，本节采用更加适合的结构方程模型方法进行影响因素路径的分析。

1. 结构方程模型

结构方程模型（SEM）是社会科学研究中的一种统计建模技术，在经济学、心理学、管理学、统计学等多个领域广泛运用。结构方程的主要原理为根据可变因素的协方差矩阵进行可变因素的相互影响和关联度分析，可以将因素分析方法与路径分析方法相结合，适合于多变量分析，用来分析一些涉及自变量和潜变量的复杂关系。结构方程的原理是利用联立方程组求解，并且允许各变量存在测量误差。方程组包含潜在变量、观察以及误差变量三种变量，潜在变量是由理论或者假设来构建的变量，是一种抽象概念，通常是无法直接被测量的；观察变量可根据统计数据或调查问卷获得数据，潜在变量由观察变量进行构建。结构方程中有两个基本的模型：结构模型和测量模型。结构模型用来表示潜在变量之间的相互关系，即因果关系，通过箭头指向表示。箭头指出的是原因，成为外因潜在变量，箭头指向的是结构，称为内因潜在变量。测量模型中包含了两种变量，是展现潜在变量用观察变量进行表达的一种模型。在结构方程模型中，有验证性因素分析和路径分析两种分析方式，前者只对测量模型进行研究，分析其回归关系；后者只对潜在变量互相之间的关系进行研究。

与传统的回归分析不同，通过结构方程的分析可以同时处理多个因变量，并且可以比较以及评价不同的理论模型[139]。具体有以下几方面的优点：

（1）能够容忍自变量与被影响因素均包含一些度量上的偏差。结构方程模型不同于以往的多元回归分析，因为其不仅允许了多元回归分析中被影响因素的度量偏差，而且允许了多元回归分析所不允许的自变量的度量偏差，提高了模型关于现实问题的阐释力度。

（2）可以应对更为繁杂的结构。结构方程模型相较于以往的多元传统分析法，解决了多元分析在处理问题时仅能处理一个被影响因素，且仅能呈现变量之间的直接效应的局限面，它可以应对不是单一的自变量与被影响因素，还可以应对有着轮换性的模型，还可以用图形的表现手法来呈现变量之间的间接影响效果，这些都促使研究人员展开更为繁杂的结构模型，为新的理论的建立和促进先前的理论提供了机遇和基础。

（3）可以对测量模型和结构模型统一分析。在以往的多元回归模型中，需要分步骤对测量变量和潜变量进行分析。第一步要先对潜变量进行分析，验证所选择的测量变量能否有效反映测量变量，通过验证之后，第二步才能将选择的测量变量数值应用在潜变量之间的关系分析当中。但是结构方程不必分步进行，可以实现对两种模型一起运算分析，在最终的结果中既包含模型整体的拟合度指标，也包含每个测量模型的信度和效度的检验结果。

（4）需要每个被度量因素有较大的关联性。以往的多元回归分析很难处理因素间的多重共线性，其可能引发不正确的结论，即使使用一定数学方法应对，却不能够彻底解决，为新的理论建立形成阻碍。结构方程模型彻底处理了因素的多重共线性所引起的各种阻碍，它需要每个被度量因素有较大的关联性，这样因素间的共线性就是衡量模型优劣的指标之一。

（5）可以测度全体模型的拟合水平。结构方程模型能够测量各个模型关于相同的样本信息的全体拟合水平，从中甄别哪一个模型比较客观地表现出信息之间的联系。

2. CB-SEM 与 PLS-SEM 对比

国内外常用的结构方程有两种：一种是基于协方差方法的结构方程模型（CB-SEM），另一种是基于偏最小二乘法的结构方程模型（PLS-SEM）。CB-SEM 采取极大似然法，对模型估计协方差 $\Sigma\theta$ 与样本协方差 S 之间的关系用函数表示，通过迭代方法求出这个函数拟合度最好的状态时模型的参数；PLS-SEM 结合应用了多种分析方法，有因子分析、相关性分析和多变量回归方法，根据变量之间的因果关系构建模型。模型运算时第一步对观测变量进行主成分分析，之后对主成分的权重进行改变，使模型的预测行为达到最优。偏最小二乘法路径模型的特点在于，在进行估计过程中，不改变其他参数而使某个参数子集的残差方差达到最小值，到最后使全部残差方差都达到最小值。

从模型的结构、组成要素和表现形式上看，PLS-SEM 和 CB-SEM 具有相似的特征。两种结构方程方法都对变量之间的关系进行关注，都能够得到模型中所有参数的估计值，因此在进行累积作用的系统研究时，两种方法都具有适应性。但是两种模型方法在原理、方式、数据要求、运行步骤等方面还有很多差别，对两者各方面的不同对比分析如表 4-7 所示。

表 4-7　PLS-SEM 和 CB-SEM 模型比较

项目	PLS-SEM	CB-SEM
基本原理	基于方差	基于协方差
估计方法	根据变量之间的关系和重要性进行估计	通过矩阵 $\sum$ 形式估计
潜变量与观察变量关系	线性关系	整体估计关系
数据分布	没有特殊规定	观察变量需要满足正态分布条件
假设验证方法	使用 STONE-GEISSER 方法验证假设关系	使用最大似然法验证拟合程度
估计顺序	先对观察变量加权得到潜变量分数，再迭代得到关系得分	先确定参数值，再计算潜变量分数
样本量	数量大于 30	数量大于 200
分析范围	可以对路径关系交叉分析	不会对调节变量影响测量
复杂模型运算	对较为复杂的结构模型和测量模型都能够稳定的运算	高度复杂的模型稳定性不高，建议潜变量不超过 100 个
数据要求	若存在数值空缺情况，NIPAIS 方法继续利用剩余数值计算	若存在数值空缺情况，ML 方法不能继续计算，剩余数据不可用

资料来源：笔者根据文献［139］~［143］整理。

3. PLS-SEM 模型选择

CB-SEM 与 PLS-SEM 作为结构方程模型的两种方法，各有优点。CB-SEM 能够更准确地测度指标的信度和效度，PLS-SEM 能够进行预测方面的分析，在不同领域的应用前景较好。Wold（1982）[140] 认为，两种结构模型方法并不存在冲突，在某些研究时能够互相辅助。有些学者认为 CB-SEM 仅关注在数据估计和变量描述方面，而忽略预测功能，同时认为其对数据的正态分布要求会对结果产生影响，因此所持有的观点是使用 CB-SEM 进行理论方面的验证，但在进行模型结构的预测时或者理论方面的探索时建议应用 PLS-SEM[141,142]。在进行实际研究时，选择哪种结构方程模型要依据想要解决的问题情况、研究目标、数据特点等进行判断。选择判断准则整理如表 4-8 所示。

表 4-8　结构方程模型选择经验准则[143]

项目	经验法则
研究目的	CB-SEM：如果是理论检验或理论确认，或不同理论比较 PLS-SEM：如果是预测核心目标构念或识别核心驱动构念；探索性的或是对现有理论进行扩展
外部模型	CB-SEM：如果误差条件需要进行额外说明，如共变性 PLS-SEM：如果构成型构念是结构模型的一部分
内部模型	CB-SEM：如果模型非递归 PLS-SEM：如果内部模型复杂，测量变量较多
数据特性	CB-SEM：如果数据样本量大且符合正态分布 PLS-SEM：如果样本数量不多并且无法满足正态分布要求 样本量较大时，两种方法区别不明显
模型评价	CB-SEM：如果需要检验外部模型的协方差 PLS-SEM：如果在后续分析中需要使用潜变量的数值

资料来源：根据 Hair J. F. 文章整理。

　　本章研究的主要目的是构建西部典型城市创新效率影响因素关系模型，探索影响创新效率的关键因子和作用机理，是一项探索性的导向研究，因此本书选用 PLS-SEM 模型研究创新效率影响因素的影响关系及路径，选择该方法的具体理由如下：

　　第一，研究目标需要。模型研究主要用于探索西部典型城市创新效率关键影响因素，探索影响创新效率的关键因子和作用机理，是一种探索研究而不是为了对参数估计进行验证，因此更加适宜选择 PLS-SEM 方法。

　　第二，样本特征要求。研究选择样本为西部 14 个创新典型城市五年样本，有效样本量低于 100，且变量数据分析无法全部满足正态分布要求，更适宜采用能够满足数据要求量的 PLS-SEM 方法。

　　第三，基于潜变量特点选择。在西部典型城市创新效率影响因素关系模型中，一类是作为影响因素的潜在变量，有多个观察变量对其反应，但另一类创新效率潜变量仅有一个效率值作为其观察变量，在这种情况下，更加适宜选择 PLS-SEM 方法。

二、PLS-SEM 模型构建与假设

PLS-SEM 模型主要包括两个部分：结构模型和测量模型。结构模型主要界定潜在变量之间的假设关系，测量模型构建的是潜在变量如何由观察变量反映其特质。基于前文对西部典型城市创新效率的计算及效率影响因素变量提取及分类，潜在变量有创新环境、创新主体特征、创新交流、技术研发阶段效率、经济转化阶段效率和综合创新效率，各自对应的因子即为测量变量。结构模型主要界定潜在变量之间的假设关系，根据影响因素分析理论基础，构建西部典型城市创新效率影响 PLS-SEM 模型，并提出相应假设。

创新环境作为影响城市创新的外部因素，从指标上看主要包含了反映城市经济环境、基础设施环境、文化环境、教育水平等方面的因素。Moultrie（2010）指出创新环境是创新主体在社会化、系统化、网络化的过程中所处的复杂网络氛围，因此环境对于创新主体的影响不言而喻[144]；A. Bramanti（1991）对欧洲企业创新进行分析指出区域创新环境对于企业的创新有着深远的影响[145]。环境较好的城市内部交通便利，信息交流顺畅，主体之间的创新交流也更加频繁。因此：

假设 H1：创新环境水平对创新主体特征有直接正向影响；

假设 H2：创新环境水平对创新交流有直接正向影响。

创新主体特征中的因素包含了对政府、企业和科研机构三类主体的衡量，创新主体作为创新活动的主导者和参与者，是两阶段创新效率主要的和直接的影响因素。因此：

假设 H3：创新主体能力和结构对技术研发效率有直接正向影响；

假设 H4：创新主体能力和结构对经济转化效率有直接正向影响。

创新交流中一方面反映的是城市的信息发展水平，另一方面是创新主体之间的合作交流程度。城市信息水平越高，创新活动信息共享成本越低，交流合作也会更

加频繁，主体之间的合作交流良性互动对于创新效率有正向的直接影响，R. Rothwell 等（1980）[134] 认为创新活动需要创新主体的动态整合；Fritsch M. （2002）[135] 认为企业与高校之间的合作能够对于区域创新效率有直接影响。因此：

假设 H5：创新交流程度对技术研发效率有直接正向影响；

假设 H6：创新交流程度对经济转化效率有直接正向影响。

技术研发阶段和经济转化阶段的效率共同决定城市创新综合效率，因此：

假设 H7：技术研发效率对创新综合效率有直接正向影响；

假设 H8：经济转化效率对创新综合效率有直接正向影响。

最终构建西部典型城市创新效率影响因素结构方程模型如图 4-3 所示。

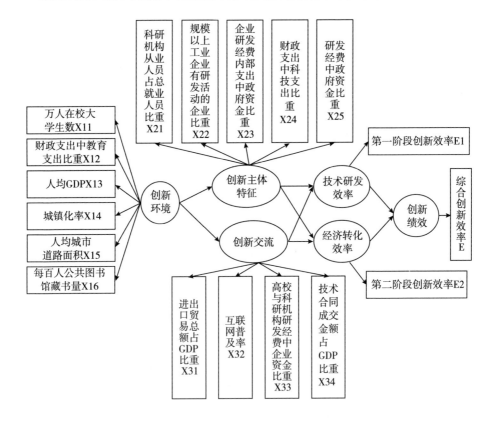

图 4-3　创新效率影响因素结构方程模型

资料来源：笔者绘制。

三、模型检验

Bootstrapping 检验

根据模型假设及标准化处理后的数据，运用 SmartPLS3.0 对西部典型城市创新影响因素路径模型进行绘图，采用 SmartPLS 中的 Bootstrap 程序对 18 个指标进行检验，验证测量变量对潜变量的反应程度，将 Resample 数字设定为 500。通过表 4-9 的检验结果可以看出除了 X34 其余变量 t 检验结果在 0.05 水平上均显著，表明这些指标均能够反映所属潜变量，剔除 X34 "技术合同成交金额占 GDP 比重"指标，剩余 17 个变量可以进行 SEM-PLS 分析（见表 4-9~表 4-11）。

表 4-9 Bootstrap 检验结果

	Original Sample (O)	Sample Mean (M)	Standard Deviation (STDEV)	T Statistics (O/STDEV)	P Values
E<-创新效率	1	1	0		
E1<-技术研发效率	1	1	0		
E2<-经济转化效率	1	1	0		
X11<-创新环境	0.787	0.725	0.213	3.695	0
X12<-创新环境	0.656	0.567	0.299	2.194	0.029
X13<-创新环境	0.64	0.537	0.371	1.723	0.025
X14<-创新环境	0.885	0.766	0.359	2.469	0.014
X15<-创新环境	0.695	0.584	0.381	1.827	0.018
X16<-创新环境	0.497	0.425	0.35	1.422	0.046
X21<-创新主体特征	0.779	0.744	0.159	4.886	0
X22<-创新主体特征	0.803	0.765	0.189	4.26	0
X23<-创新主体特征	0.808	0.777	0.161	5.032	0
X24<-创新主体特征	0.717	0.706	0.126	5.707	0
X25<-创新主体特征	0.861	0.849	0.101	8.519	0
X31<-创新交流	0.858	0.716	0.349	2.455	0.014
X32<-创新交流	0.827	0.703	0.248	3.331	0.001
X33<-创新交流	0.474	0.401	0.336	1.412	0.049

续表

	Original Sample（O）	Sample Mean（M）	Standard Deviation（STDEV）	T Statistics（O/STDEV）	P Values
X34<-创新交流	0.378	0.312	0.396	0.954	0.341

资料来源：笔者绘制。

表 4-10　PLS-SEM 质量指标结果

潜在变量	测量变量	因素负荷量	外部权重	R^2	Cronbach's Alpha	组合信度（CR）	AVE
创新效率	E	1	1	0.825	1	1	1
技术研发效率	E1	1	1	0.416	1	1	1
经济转化效率	E2	1	1	0.305	1	1	1
创新环境	X11	0.764	0.449	—	0.842	0.859	0.51
	X12	0.669	0.245				
	X13	0.664	0.059				
	X14	0.892	0.374				
	X15	0.718	0.153				
	X16	0.523	0.019				
创新主体特征	X21	0.777	0.175	0.311	0.86	0.895	0.635
	X22	0.803	0.225				
	X23	0.807	0.194				
	X24	0.718	0.324				
	X25	0.861	0.342				
创新交流	X31	0.823	0.561	0.381	0.613	0.787	0.565
	X32	0.854	0.475				
	X33	0.526	0.253				

资料来源：笔者绘制。

表 4-11　模型适配度指标结果

	SRMR	d_ULS	d_G1	d_G2	Chi-Square
Saturated Model	0.161	3.976	2.164	1.737	609.958
Estimated Model	0.185	5.212	3.643	2.618	1938.41

资料来源：笔者绘制。

四、模型运行结果及分析

运行得到西部典型城市创新效率影响因素路径如图 4-4 所示。

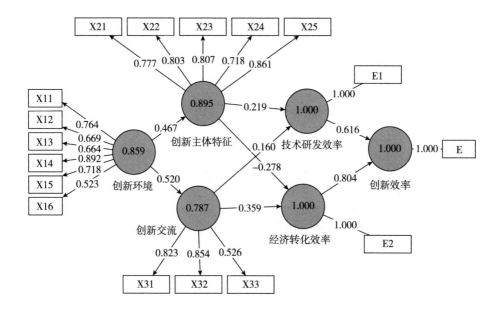

图 4-4　创新效率影响路径模型

资料来源：笔者绘制。

（1）根据路径分析图可知，创新主体特征和创新交流两方面的因素是西部典型城市创新效率的主要直接影响因素，创新环境通过创新主体特征和创新交流对创新效率有间接影响作用。

（2）创新环境对创新主体特征和创新交流的路径系数分别为 0.467 和 0.520，假设 H1 和假设 H2 得到支持。从创新环境测量指标中可知创新环境中主要包括教育人才、经济、城市建设和文化方面的城市环境，这些方面的提升对于创新交流和创新主体组织建设有正向影响。

（3）创新主体特征对技术研发效率的路径系数为 0.219，假设 H3 得到验证。

而对经济转化效率的路径系数为 -0.278，与假设 H4 相悖。从指标上看，反映创新主体特征五个指标中仅有一个反映企业创新机构建设情况，一个反映科研机构建设情况，其余三个指标均反映了政府在创新投入中所发挥的作用，路径系数为负反映出政府投入占比对第二阶段的创新效率为负相关作用，初步可以推断在西部典型城市中以政府为主导的创新不利于经济转化效率的提升。

（4）创新交流对技术研发效率和经济转化效率的路径系数分别为 0.160 和 0.359，假设 H5 和假设 H6 得到支持。创新交流包含反映城市开放程度、城市信息交流水平和产学研合作水平的三个指标，说明创新主体之间、创新主体和外部之间的合作交流对于创新效率的提升有正向影响。从路径系数可以看出，创新交流对经济转化效率有更大的影响作用，技术研发效率受到创新主体特征的较大影响。

（5）从测量模型的路径系数结果可以看到，保留的测量变量对于潜变量的路径系数均大于 0.5，各组变量对潜变量有较好的解释能力。创新环境中保留六个影响因子，其中城镇化率路径系数最高，为 0.892；创新主体特征的测量变量中五个关键影响因子同样全部保留，研发经费中政府资金比例变量路径系数为 0.861，是其中最大的路径系数；创新交流的测量变量中在模型检验过程中删除技术合同成交金额占 GDP 比重，通过原始数据分析，可能原因是各市技术成交额每年变动跳跃性较大，规律性不强导致。保留的三个变量中互联网普及率的影响路径系数最高，达到 0.854。

综合分析可知，西部典型城市综合创新效率由技术研发效率和经济转化效率共同决定，两阶段的效率受到创新环境、创新主体特征和创新交流的共同影响，三组变量中共确定了不同意义的 14 个关键因子，这些方面的发展不同是城市创新效率差距的主要原因，提高城市创新效率可以从三个维度中包含的因素为导向制定政策和措施。

第三节　本章小结

　　本章通过文献研究，对西部典型城市创新效率的影响因素进行梳理，之后根据第三章效率计算结果和影响因素指标进行实证分析。通过主成分分析和 PLS-SEM 方法对影响因素进行分类、影响关系和路径分析，从创新环境、创新主体特征和创新交流三个方面分析了西部典型城市创新效率影响因素路径关系。创新主体的特征和创新交流因素是西部典型城市创新效率的主要直接影响因素，创新环境通过创新主体特征和创新交流对创新效率有间接影响作用；技术研发效率受到创新主体特征因素影响较大，经济转化效率受到创新交流因素影响较大。创新环境、创新主体特征和创新交流因素发展不同是西部典型城市创新效率差距的主要原因。

第五章　西部典型城市创新效率影响因素仿真分析

本章建立了西部典型城市创新动力学系统并进行模拟仿真，通过城市创新影响因子变动进行路径设定，探讨不同路径下城市创新成果和经济效应的发展情况，为路径政策制定提供参考。

第一节　系统动力学基本原理

一、系统动力学概述

系统动力学始创于 1956 年，由美国麻省理工学院 Jay W. Forrester 教授提出，它的基本原理是反馈控制，通过仿真模拟的方法，可以同时研究定性与定量问题，探讨怎样认知和处理包含较多因素的多变量系统。系统动力学的基本理论是系统论，再结合其他各种学科的理论知识而形成，对各种能够构建系统进行探索的问题进行定量分析。系统动力学模型的建立，是将系统进行逐层结构化的处理，找出系统因素间的因果关系，通过系统变量的结构关系构建包含反馈作用的回路，以此代表系统活动，并利用计算机对模型进行模拟实验[146]。系统动力学认为系统存在于社会各个领域，在研究时要把系统作为一个整体，而内部各要素相互关联，系统处于有秩序的运行当中。系统动力学分析中的一项重点内容就是着眼于系统的整体性，找到系统内各要素之间的关系，研究变量间的反馈机制，通过改变系统要素的结构或者改变政策变量来观察系统运行的变化。

社会系统包络众多，内部构成极其复杂，在进行研究时，想要收集所有系统中的变量数据是不现实的，而且如果按照这些收集的数据而构建系统，并不会完全有效，有效性会受到一定限制。而系统动力学方法则是在通过观察获得相关数据的基础上，构造系统内部结构。它的研究核心在于系统的变化取决于系统内部的结构关系。通过对系统内部变量关系、相互之间信息的传递等分析可以用于对系统的变化进行说明[147]。运筹学方法在研究问题时往往过于追求最佳解，而系统动力学改变了这种思想，并不囿于最优解，也不依赖于笼统的假设，而是以社会现实为前提，探索改善系统行为的模式和路径。相比之下，系统动力学更能满足在社会系统研究时的要求。

系统动力学分析研究系统内部结构，信息反馈机制以及系统作用与活动间的关系，它既是研究复杂系统问题的技术方法，也是连接自然科学和社会科学等学科的纽带。系统动力学方法先通过定性的分析描述，然后用定量的方法验证，二者相互结合，通过系统性的、整体性的和演绎性的分析一步一步地深入探索问题，最终解决问题。随着社会管理问题越来越复杂，系统动力学的应用扩展到了社会的各个领域中，应用广泛并得到了很多研究领域的认可，在解决复杂系统问题方面发挥了重要的作用，被称为"战略与决策实验室"。

二、系统动力学对系统的描述

反馈是指系统输出与来自外部环境的输入关系，即指信息的传输与回授。反馈回路的基本结构如图 5-1 所示：

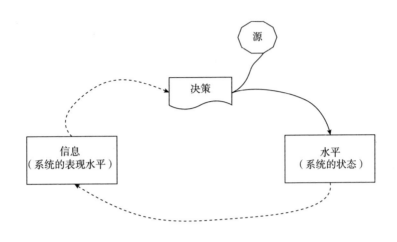

图 5-1　系统反馈回路基本结构

资料来源：Jay W. Forrester. Industrial Dynamics ［M］. Cambridge，Mass：The MIT Press，1961.

如图 5-1 所示，反馈回路的原理是，依次将决策变量、水平变量和信息变量这三个变量连接起来，从源头即具有控制作用的变量—决策变量开始，最终又回到这一决策变量而形成的闭合回路。在系统动力学运用中，反馈回路是最基础的系统结构，无论系统大小，都是由若干个相互关联的反馈回路构成。

系统动力学内的系统结构具备整体性和层次性。首先，将系统 S 划分为 p 个互相作用的子系统 S_i，有：

$$S = \{ S_i \in S |_{1 \sim p} \} \tag{5.1}$$

其中，S 代表整个系统，S_i 代表子系统，i=1，2，…，p。

其次，详细解释说明每一个子系统。前文提到，反馈回路是系统的基本构成，子系统的构成同样是包括一阶反馈回路和基本单元，一阶反馈回路的变量有三种类型：状态变量、速率变量和辅助变量。变量的表达式为对应的三种方程。无论系统是否运行、是否根据时间变化、是否为线性系统，均可以通过方程式进行表达。

$$\dot{L} = PR \tag{5.2}$$

$$\begin{bmatrix} R \\ A \end{bmatrix} = \begin{bmatrix} W_1 \\ W_2 \end{bmatrix} \begin{bmatrix} L \\ A \end{bmatrix} = W \begin{bmatrix} L \\ A \end{bmatrix} \tag{5.3}$$

其中，L 为纯速率变量向量；P 为转移矩阵；R 为速率变量向量；A 为辅助变量向量；W 为关系矩阵；L 为状态变量向量；A 为辅助变量向量。

三、系统动力学特点

与其他研究方法相比，系统动力学有如下特点[148]：

（1）与传统定量研究方法相比，对内部结构要素要求低，可以纳入不易量化的结构因素，建立复杂大系统的模拟模型。

（2）系统内层次清楚，结构明确，反馈回路形象易懂，对于下一步因素及作用关系的分析打好了基础。

（3）对原始数据不要求极高的精确度与完整性，更加注重动态趋势而非特别年份数据的精确值。

（4）可对系统控制因素进行变化，观察系统行为和变化趋势。

（5）对周期性和长期性预测，如政策分析，具有可操作性。

四、系统动力学基本方法和工具

（1）因果关系图。当系统中的变量变化是另一变量变动的缘由时，我们称两个变量之间为因果关系，因果关系图就是刻画这种关系的图例。系统动力学模型系统分析第一步就是绘制因果关系图，为后续流图和构建数学仿真模型做好准备。

（2）流图。流图绘制位于因果关系图之后，也是用图例表达关系。流图中对变量的性质进行了区分表示，更加深入地阐明变量关系，用符号展示出变量之间的逻辑关系，掌握系统的反馈机制，为后续研究做好铺垫。

（3）方程。方程是一组数学表达式，是根据已绘制的流图，采用数学表达式定量的表达变量间的关系，表达式可以从一个确定的原始状态递转到下一个状态。

（4）仿真平台。仿真平台的作用是用来调节和测试、模拟与仿真所建立的系统动力学模型，凭借这一平台，能够实现在不同研究目的和政策条件影响下，仿真系统的运行。本书选用 VensimPLE 作为仿真实验的平台。

五、系统动力学建模步骤

建立系统动力学模型，处理研究问题，需要根据既定的研究步骤，逐步进行。如图 5-2 所示：

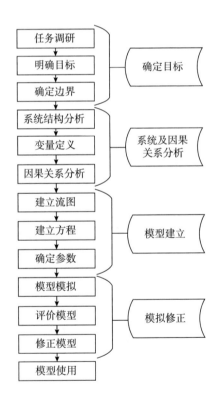

图 5-2　系统动力学建模步骤

资料来源：笔者依据参考文献［146］~［148］绘制。

系统动力学处理系统问题的过程中，主要有以下五步：

（1）对研究问题进行系统分析，明确研究目的，获取并阅读大量的相关资料，对研究对象有充分了解，收集系统分析所需要的数据，选取符合系统主要矛盾的相应变量，规定系统边界。

（2）系统内部结构及因果关系分析。对系统结构分析，将系统细化成既相对独立又相互联系的各子系统，对其相互之间的关系以及与整个系统之间的关系进行分析，确定反馈机制，构建回路，通过因果关系图体现。

（3）建立系统动力学模型。在因果关系图的基础上，绘制系统流图，分析系统的作用机制和逻辑关系，依据变量间的相互关系，建立出数学关系式，用定量手段反映变量间的关系，并根据实际定义常数、表函数和状态变量方程的初始值。

（4）模拟运算及模型修正。把涉及的参数的原始数据代入数学关系式，通过仿真计算，可得各变量的值和变动情况表，与实际数据进行对比，发现模型问题并进行修改；调整系统的变量关系，或者改变运行参数，或者更新界定系统边界等，以使得所建立的模型更贴合真实系统情况，反复模拟直至达到预期要求。

（5）模型使用。应用建立好的系统动力学模型解决研究问题。

第二节　西部典型城市创新系统构建

一、建模目的、边界及假设

1. 建模目的

根据研究问题不同，运用系统动力学构建模型的目标不同，之后系统构建和仿真分析的方式和有效性就会不同。一般来说，系统动力学建模的目的有以下几种：

（1）用于系统运行机理的分析，主要为了分析系统结构、作用关系和运行机制等，用以说明系统演化规律。

（2）用于验证理论假设，在模型之前提出理论假设，并以此构建系统，利用系统动力学运算进行定量方面的验证支持。

（3）用于仿真预测，系统的构建是依据现实存在的系统，通过对系统模型的调整使其能够基本上符合现实系统的历史规律，满足这个条件下可以用模型对现实系统的未来趋势进行预测。

（4）用于政策分析，政策分析目的的模型同样要求系统模型依据现实模型构建并符合现实系统演化规律，在此基础上对模型中的变量进行调整，观测系统改变方向，从而为现实中的政策制定提供理论依据。

本章建立西部典型城市创新系统模型的目的包含以上四条，模型构建时是探究城市创新活动运作的过程，通过绘制流图表示，通过模型能够充分且清晰地反映城市创新系统内部投入和产出以及创新影响因素之间的动态关系。通过变动关键因素推演影响因子变化对城市创新带来的影响，一方面是对前文影响因素理论的验证，另一方面结合仿真预期结果，可以为相关的政策措施制定提供实际操作、优化管理的建议。

2. 模型的边界

在确定系统构建目标之后，需要根据研究问题确定系统的边界，只有具有明确边界的系统才具有操作意义。系统构建目的不同，使得研究侧重点不同，因此同一系统可能会具有不同的边界。而构建边界最重要的是依据目标确定系统中所要纳入的变量，剔除某些可以放入系统中但是不会产生任何影响或者影响较小的变量，以保证模型的可控制性。在模型构建过程中，可以根据研究的深入逐步扩大系统范围，延伸系统边界。系统动力学的研究是基于研究问题将与问题相关的诸要素包含在系统内部，系统的变化仅由系统中的要素变化或者要素互相影响造成，假设系统并不受外部的变量影响而发生本质变化，因此在系统动力学研究的过程中需要明确系统的边界。

西部典型城市创新系统的模型是一个相对开放的大系统，模型中除系统行为主体外，应把与城市创新活动有关的重要变量均考虑进模型。因此，系统边界依据上文分析进行确定，以城市范围内的政府、企业、高校与科研机构三大创新主体相关因素以及上文分析的影响因素为界限。

3. 模型假设

系统动力学模型基于真实世界系统而构建，但不可能完全复制现实系统。在进行问题研究时，会根据具体问题进行一定假设，以满足研究问题的需要并尽可能地表达现实系统。现在对要构建的西部典型城市创新系统作出如下基本假设：

假设一：城市创新系统的范围仅限于西部典型城市的内部。

假设二：城市中的创新系统运行不间断、不跳跃。

假设三：城市创新主体包含企业、高等院校和科研机构，模型主要考虑各创新主体的投入产出关系。

假设四：城市创新活动受到国家和当地宏观环境的影响较大，尤其是经济环境，在此假设研究过程中国家及地方经济发展稳定，宏观经济稳定发展，在短期内部会出现较大波动。

二、因果关系图

根据第四章的论述，创新效率与城市创新环境、创新主体特征和创新交流三方面多种因素息息相关，各因素通过影响创新过程参与要素的不同方面最终对创新收益形成影响，是城市创新发展的基本影响因素。在实际的城市创新行为过程中，要从系统的角度对城市创新活动进行分析，构建城市创新系统模型时，按系统行为的主体，结合城市创新效率的关键因素将系统重构为政府反馈子系统、企业反馈子系统和教育科研反馈子系统。

1. 政府反馈子系统

政府子系统从意识培育、政策指引以及资源支配等方面，直接对城市的创新状态以及潜在的创新能力产生重大影响。政府对城市创新的重视程度，体现为重大指引政策的出台，相关政策的出台直接影响城市科研投入支出，进而影响了创新产出水平，而创新产出在经济增长中的贡献又会强化政府的重视程度；如此循环，形成政府行为在城市创新系统中的因果反馈机制（见图5-3）。

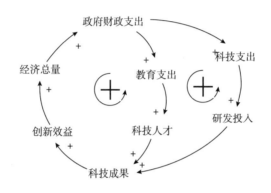

图5-3 政府反馈子系统

资料来源：笔者绘制。

2. 企业反馈子系统

企业是推动城市创新的基础单元，一个城市具有创新能力的企业的质量和数量，是影响城市创新能力基础因素之一。尤其在企业创新过程中发挥着引擎作用的科研经费投入、研发人员，都是决定创新产出的重要因素；创新成果转化为创新产值又给企业带来收入的增加，继续增大企业研发动力。此外，产学研合作机制越高效，对企业科研机构创新成果产出的正反馈效应越大（见图5-4）。

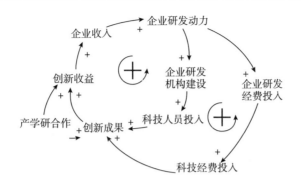

图 5-4　企业反馈子系统

资料来源：笔者绘制。

3. 教育科研反馈子系统

高等院校和科研院所是创新的源头，通常地区经济越发达，教育科研经费投入就越大，能够为城市创新提供更多的科技人才，自然会形成更多的科研成果产出，这些科研成果通过直接或间接的过程转化为创新产值，进一步为地区经济发展提供可持续动力。值得注意的是，科研院所的科研产出效率会受产学研合作、高校科研人员数量以及宜居环境等因素的影响；产学研合作程度越高，创新产出效率就越高（见图5-5）。

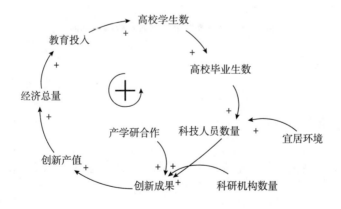

图 5-5　教育科研反馈子系统

资料来源：笔者绘制。

以上政府反馈子系统、企业反馈子系统、教育科研反馈子系统，各子系统自身存在自我反馈的演进机制，同时各子系统之间也存在相互的动态作用关系，正是这种多级、动态的系统作用，促使城市创新行为的演进规律的复杂性。将以上各子系统动态自身反馈演进的机制与各系统之间的作用机制和影响因素进行通盘综合考虑，构建如下"西部典型城市创新动力学因果回路图"，以反映城市创新系统运行机制（见图5-6）。

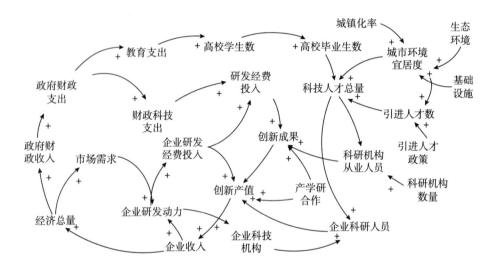

图5-6　西部典型城市创新系统因果回路

资料来源：笔者绘制。

三、流图和相关变量

根据西部典型城市创新系统因果关系图，构造了创新系统流程图，如图5-7所示。

通过西部典型城市创新系统模型流量图，可以清楚地看出系统中所包含的各变量及其类型、单位具体如表5-1所示：

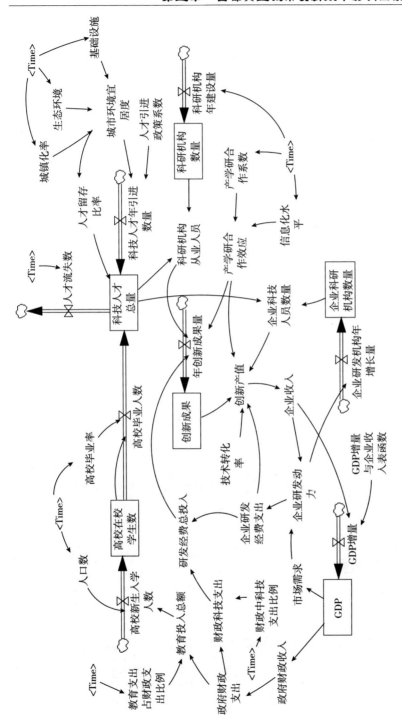

图 5-7　西部典型城市创新系统流程

资料来源：笔者绘制。

表 5-1 西部典型城市创新系统涉及变量

变量名称	变量类型	单位	变量名称	变量类型	单位
GDP 增量	速率变量	万元	创新产值（新产品产值）	辅助变量	万元
研发机构年增长量	速率变量	所	企业收入	辅助变量	万元
高校新生入学数	速率变量	人	企业科技人员数量	辅助变量	人
高校毕业生人数	速率变量	人	企业科研机构数量	状态变量	所
科技人才年引进数量	速率变量	人	产学研合作效应	辅助变量	无
科研机构年建设量	速率变量	所	产学研合作系数	辅助变量	无
年创新成果量（专利授权量）	速率变量	件	信息化水平	辅助变量	%
GDP	状态变量	万元	科研机构数量	状态变量	所
政府财政收入	状态变量	万元	科研机构从业人员	辅助变量	人
政府财政支出	辅助变量	万元	科技人才总量	辅助变量	人
教育投入总额	辅助变量	万元	人才留存比率	辅助变量	%
财政科技支出	辅助变量	万元	人才流失数量	辅助变量	人
研发经费总投入	辅助变量	万元	城镇化率	辅助变量	%
企业研发经费支出	辅助变量	万元	基础设施	辅助变量	平方米
教育支出占财政支出比例	辅助变量	%	生态环境	辅助变量	%
科技支出占财政支出比例	辅助变量	%	城市环境宜居度	辅助变量	无
市场需求	辅助变量	无	技术转化率	辅助变量	%
研发动力	辅助变量	无	人才引进政策系数	辅助变量	无
创新成果	状态变量	件	高校在校生数	状态变量	人
人口数	辅助变量	人	高校毕业率	辅助变量	%

资料来源：笔者绘制。

四、系统方程式设置

动力学模型首先需要根据历史数据的线性拟合结果，确定各要素之间的相关性及回归方程，本章使用银川市的数据进行方程确定，数据来源为《银川市统计年鉴》《银川市国民经济和社会发展统计公报》《宁夏统计年鉴》《宁夏科技统计公报》《中国城市统计年鉴》《中国高技术产业统计年鉴》《中国科技统计年鉴》《区域创新能力报告》国家知识产权局等文献数据，另有一些数据通过宁夏回族自治区科技厅和银川市科技局资料中手工收集得到。西部典型城市创新系统模型中包含的主要方程式如下：

（1）GDP＝INTEG（GDP 增量，1440965）

（2）GDP 增量＝GDP 增量与企业收入表函数（企业收入）

（3）市场需求＝GDP×0.312+40598.3

（4）产学研合作效应＝产学研合作系数×0.8+信息化水平×0.2

（5）人才留存比率＝城市环境宜居度×2.56+10.333

（6）企业收入＝0.2586×创新产值+374850

（7）企业研发动力＝企业收入/10000×1.38+市场需求/10000×0.002−46.701

（8）企业研发机构年增长量＝（0.2077×企业研发动力^2−0.7492×企业研发动力+0.4707）×1.2

（9）企业研发经费支出＝8119×企业研发动力−114461

（10）企业科技人员数量＝科技人才总量×0.198+企业科研机构数量×3.554+128.738

（11）企业科研机构数量＝INTEG（企业研发机构年增长量，24）

（12）创新产值＝（LN（企业科技人员数量）×347896+创新成果×2.76−2.20637e+006+6.604711×产学研合作效应+企业研发经费支出×0.012）×技术转化率

（13）创新成果＝INTEG（年创新成果量，127）

（14）城市环境宜居度＝城镇化率×0.14+基础设施×0.3+生态环境×0.3

（15）城镇化率＝WITH LOOKUP（Time，（[（2001，0）−（2020，100）]，（2001，52.15），（2002，52.69），（2003，59.55），（2004，61.01），（2005，60.86），（2006，63.32），（2007，63.79），（2008，69.92），（2009，71.1），（2010，72.5），（2011，74.38），（2012，75.04），（2013，74.79），（2014，75.45），（2015，75.8）））

（16）基础设施＝WITH LOOKUP（Time，（［（2001，0）-（2015，100）］，（2001，7.47），（2002，8.42），（2003，10.43），（2004，13.51），（2005，14.13），（2006，14.19），（2007，14.63），（2008，15.02），（2009，15.06），（2010，15.28），（2011，16.2），（2012，17.2），（2013，19.8），（2014，19.6），（2015，20.01）））

（17）年创新成果量＝0.0093×研发经费总投入+0.01984×科研机构从业人员+9.3711×产学研合作效应+77.325

（18）政府财政支出＝政府财政收入×1.498-111400

（19）政府财政收入＝0.002009×GDP^1.271

（20）教育投入总额＝政府财政支出×教育支出占财政支出比例

（21）教育支出占财政支出比例＝WITH LOOKUP（Time，（［（2001，0）-（2015，1）］，（2001，0.184），（2002，0.178），（2003，0.125），（2004，0.098），（2005，0.095），（2006，0.093），（2007，0.131），（2008，0.105），（2009，0.107），（2010，0.107），（2011，0.083），（2012，0.069），（2013，0.078），（2014，0.077），（2015，0.076）））

（22）生态环境＝WITH LOOKUP（Time，（［（2001，0）-（2020，30）］，（2001，3.63），（2002，3.64），（2003，7.25），（2004，7.27），（2005，7.45），（2006，7.8），（2007，8），（2008，14.01），（2009，14.01），（2010，12.06），（2011，12.2），（2012，13.4），（2013，15.1），（2014，16.1），（2015，16.3）））

（23）研发经费总投入＝企业研发经费支出+财政科技支出

（24）科技人才年引进数量＝（城市环境宜居度×25.141-35.768）×人才引进政策系数

（25）科技人才总量＝INTEG（科技人才年引进数量+高校毕业人数×人才留存比率×0.01-人才流失数，12344）

（26）科研机构从业人员 = 0.007×科技人才总量 + 1.601×科研机构数量 + 484.897

（27）科研机构年建设量 = WITH LOOKUP（Time，（[（2001，0）-（2020，60）]，（2001，0），（2002，0），（2003，3），（2004，0），（2005，1），（2006，4），（2007，2），（2008，3），（2009，18），（2010，16），（2011，16），（2012，12），（2013，15），（2014，14），（2014.94，14），（2015.34，13）））

（28）科研机构数量 = INTEG（科研机构年建设量，7）

（29）财政中科技支出比例 = WITH LOOKUP（Time，（[（2001，0）-（2020，0.1）]，（2001，0.016），（2002，0.0107），（2003，0.0118），（2004，0.0076），（2005，0.0064），（2006，0.0066），（2007，0.0061），（2008，0.0061），（2009，0.0085），（2010，0.007），（2011，0.0102），（2012，0.0119），（2013，0.0123），（2014，0.0109），（2015.06，0.0118421）））

（30）财政科技支出 = 政府财政支出×财政中科技支出比例

（31）高校在校学生数 = INTEG（高校新生入学人数-高校毕业人数，20134）

（32）高校新生入学人数 = 0.038×教育投入总额 + 0.012×人口数 - 7549.61

（33）高校毕业人数 = 高校在校学生数×高校毕业率

（34）高校毕业率 = WITH LOOKUP（Time，（[（2001，0）-（2015，1）]，（2001，0.16），（2002，0.169），（2003，0.173），（2004，0.128），（2005，0.173），（2006，0.151），（2007，0.179），（2008，0.149），（2009，0.271），（2010，0.216），（2011，0.248），（2012，0.235），（2013，0.206），（2013.96，0.236842），（2015，0.32）））

（35）产学研合作系数 = WITH LOOKUP（Time，（[（2001，0）-（2015，10）]，（2001，1.34），（2002，1.66），（2003，1.98），（2004，2.32），（2005，2.59），（2006，2.96），（2007，3.39），（2008，3.82），（2009，4.9），（2010，2.79），（2011，3.45），（2012，4.41），（2013，5.44），（2014，8.73），（2015，7.01）））

第三节　西部典型城市创新系统仿真模拟

一、仿真模型检验

1. 历史拟合检验

在模型搭建完毕以后，需要把初始值和定义的参数输入其中，运行模型后得到的模拟结果和实际结果相比，观察误差量，以此判断模型是否能够反映现实系统，保证情景分析能够模拟未来的发展趋势[149]。选取西部典型城市银川市的数据进行实证检验，以 2006 ~ 2015 年为检验年，对银川市 GDP、年创新成果量（年专利授权量）、高校在校生数、财政科技支出进行历史拟合检验，拟合情况如表 5-2 所示。通过模拟结果可以看出，模型运算得到的数值与银川市实际数据相比，误差均可控制在 10% 以内，可以认为模型能够有效地进行行为复制，能较真实地反映城市创新实际情况。

2. 灵敏度检验

灵敏度检验是指通过添加测试函数改变模型中常量值的赋值，检验这种变动对于其他变量输出结果影响大小的过程。在模型调试和修正过程中，如果对某一参数或者某一变量作出较小改动，却能引起系统其他变量极大的变化，说明系统灵敏度过高，系统结构不合理，系统行为不稳定，需要做出修改才能满足其在一定范围内的适用性，如果变量间灵敏度分析结果发现自变量的变化能引起的因变量变动非常有限，则应该删除该自变量。在给定任何项目中有限的时间和资源，灵敏度分析必须着重于我们认为既高度不确定又有可能会起决定性作用的关系和参数。一个没有不确定性存在的参数是不需要被测试的。一个对模型动态行为不会产生太大影响的参数，即使其取值是高度不确定的，也不存在灵敏度测试的必要，因为估计误差所能产生的后果非常小。

通过对西部典型城市创新系统中参数的灵敏度分析发现，既没有过度灵敏的量，也不存在灵敏度过低的量。

表5-2 主要变量模拟结果与实际值比较 单位：%

年份	GDP			专利授权量（年创新成果量）		
	仿真值	实际值	差异度	仿真值	实际值	差异度
2006	3633882	3499164	-3.85	161	175	7.85
2007	4581258	4477383	-2.32	160	167	4.39
2008	5744430	5637874	-1.89	421	411	-2.36
2009	6492672	6442421	-0.78	524	509	-2.96
2010	7980038	7926140	-0.68	572	551	-3.82
2011	9957535	9866761	-0.92	347	359	3.26
2012	11561136	11509344	-0.45	505	520	2.81
2013	12860552	12890199	0.23	676	746	9.38
2014	13794595	13886244	0.66	819	873	6.17
2015	14887799	14938590	0.34	1291	1255	-2.90
年份	高校在校生数			财政科技支出		
	仿真值	实际值	差异度	仿真值	实际值	差异度
2006	44046	46073	4.40	3394	3308	-2.60
2007	49023	52657	6.90	4966	4941	-0.50
2008	54255	60505	10.33	6330	6318	-0.19
2009	62600	62432	-0.27	10823	10554	-2.55
2010	63575	69678	8.76	12128	11625	-4.33
2011	73078	74082	1.36	22824	22605	-0.97
2012	78724	78721	0.00	32614	32391	-0.69
2013	84381	88477	4.63	38861	39013	0.39
2014	93827	97593	3.86	37653	37980	0.86
2015	99520	97996	-1.56	32334	32510	0.54

二、仿真结果分析

西部典型城市在通过模型检验后，可通过调控变量来模拟各影响因素对系统的影响，从而设计不同路径仿真预测创新效应，为决策的制定提供一定支持。

情景的发展假定从 2016 年开始，到 2020 年结束，在设计方案时基于第四章创新效率影响因素的研究基础，选择关键因子作为变量。在创新环境方面选择城镇化水平和教育支出因素；在创新主体特征方面选择代表政府主体的财政科技支出、代表企业主体的企业内部研发投入和代表高校与科研机构的科研机构数量因素；在创新交流方面选择产学研合作系数和信息化水平因素共 7 个变量作为控制变量。通过变动控制变量设计 7 种路径，对不同路径进行仿真，结果如下：

（1）路径一：改善创新经济环境，提高城镇化率。

假设自 2016 年起政府致力于改善城市创新环境，经济环境提升，基础设施建设更加完善，城镇化率提高。从 2016 年起，将城镇化率提高 10%，年创新成果和创新产值仿真结果如图 5-8 所示。城镇化水平通过宜居环境对城市创新人才数量留存率及引进数量产生影响，驱动科技人才总量提升最终提高创新成果数量和创新产值，模拟结果显示两者均有明显提高。以 2020 年模拟的数值计算，城镇化率提高 10%可使年创新成果量提升约 6.7%，创新产值提升约 5.5%。

（2）路径二：加强教育事业建设，增加教育支持力度。

假设在教育方面，政府更加重视教育事业，增大财政中的教育支出。从 2016 年起，将财政支出中教育支出比例提高 20%，年创新成果和创新产值仿真结果如图 5-9 所示。教育支出对高校学生有直接因果关系，同样驱动科技人才总量提升，提高创新成果数量和创新产值，以 2020 年模拟的数值计算，教育支出提升 20%可使年创新成果量提升约 8.5%，创新产值提升约 7.2%。

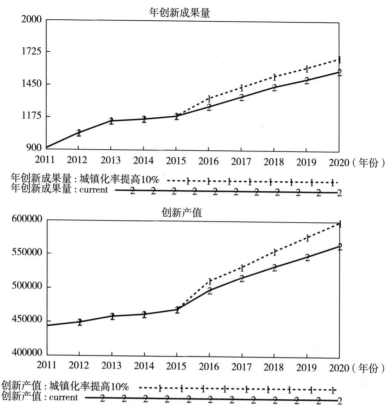

图 5-8　路径一仿真结果

资料来源：模型仿真结果。

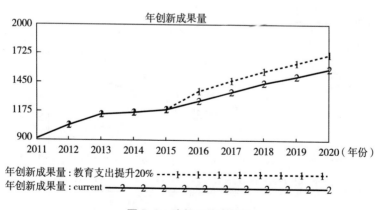

图 5-9　路径二仿真结果

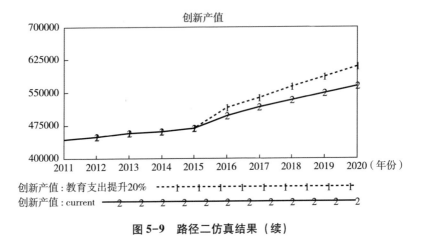

创新产值：教育支出提升20%   -+-+-+-+-+-+-+-+-+-+-
创新产值：current   2   2   2   2   2   2   2   2   2   2

图 5-9   路径二仿真结果（续）

资料来源：模型仿真结果。

（3）路径三：提高政府创新支持力度，增加财政科技支出。

政府主体选择财政科技支出变量，财政科技支出通过驱动研发经费投入进而引起创新成果和创新产值变动。从 2016 年起，政府增加创新资金投入，设定财政科技支出增加 20%，模拟结果如图 5-10 所示，政府对于科研经费支出的增加能够明显提升创新成果数量和创新产值。以 2020 年模拟的数值计算，财政科技支出提高 20%可使年创新成果量提升约 15%，创新产值提升约 9.5%。

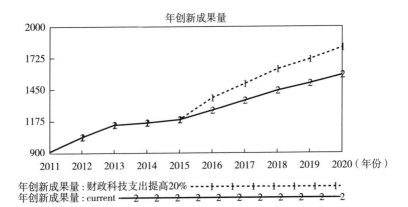

年创新成果量：财政科技支出提高20%   -+-+-+-+-+-+-+-+-+-
年创新成果量：current   2   2   2   2   2   2   2   2   2   2

图 5-10   路径三仿真结果

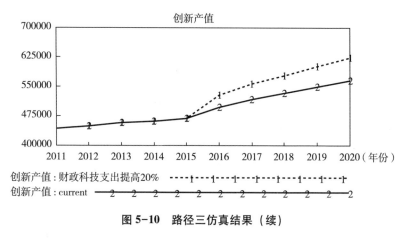

图 5-10 路径三仿真结果（续）

资料来源：模型仿真结果。

（4）路径四：增强企业研发能力，企业加大研发投入。

企业主体选择企业研发投入变量，企业研发投入既可以通过研发经费支出影响创新成果和创新产值，也可以直接对创新产值产生驱动作用。从 2016 年起，将企业研发投入变量提高 20%，模拟结果如图 5-11 所示，企业研发费用支出的增加能够明显提升创新成果数量和创新产值，以 2020 年模拟的数值计算，企业研发经费支出提升 20% 可使年创新成果量提升约 12%，创新产值提升约 16%。

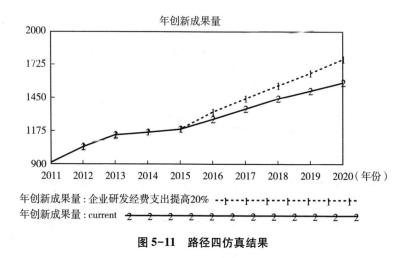

图 5-11 路径四仿真结果

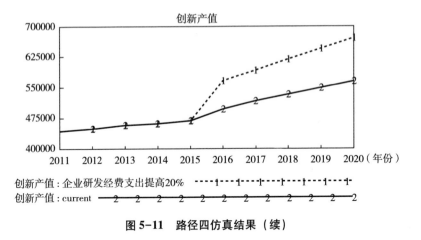

图 5-11 路径四仿真结果（续）

资料来源：模型仿真结果。

（5）路径五：加强科研机构建设，增加科研机构数量。

高校和科研机构在资金投入上并不显著，选择科研机构数量变量作为控制变量，通过引起科研机构从业人员的变化进而对创新成果产生影响。假设政府加强科研机构建设，科研机构数量明显增加，从 2016 年起设定科研机构年建设量增加 20%，模拟结果如图 5-12 所示，科研机构数量也对年创新成果和创新产值有一定的提升作用。以 2020 年模拟的数值计算，科研机构年建设量可使年创新成果量提升约 4.7%，创新产值提升约 3.9%。

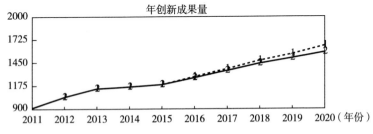

图 5-12 路径五仿真结果

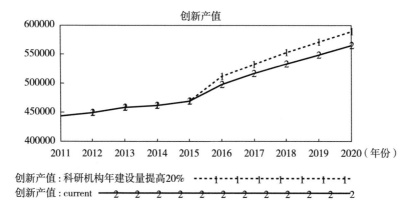

图 5-12　路径五仿真结果（续）

资料来源：模型仿真结果。

（6）路径六：加强产学研合作。

产学研合作系数由高校科研资金中来源于企业的比例指标反映，假设 2016 年开始政府、高校和企业之间密切合作。从 2016 年起提高产学研合作系数 20%，产学研合作驱动创新成果、创新产值提高的结果如图 5-13 所示。从 2020 年模拟的数值计算，产学研合作系数提高 20% 可使年创新成果量提升约 9.8%，创新产值提升约 10%。

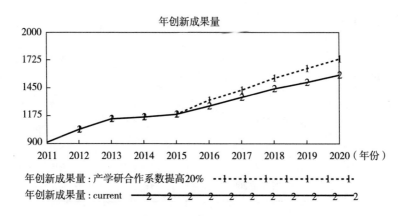

图 5-13　路径六仿真结果

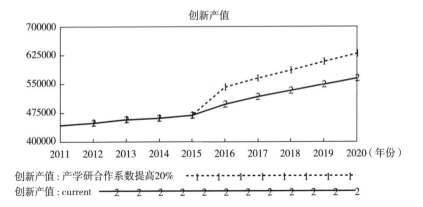

图 5-13 路径六仿真结果（续）

资料来源：模型仿真结果。

（7）路径七：提高城市信息化水平，加强主体交流。

城市信息化水平能够影响创新主体之间的合作效应，从 2016 年起提高信息化水平 20%，驱动了创新成果、创新产值的提高结果如图 5-14 所示。从 2020 年模拟的数值计算，信息化水平提升 20% 可使年创新成果量提升约 4.2%，创新产值提升约 4.4%。

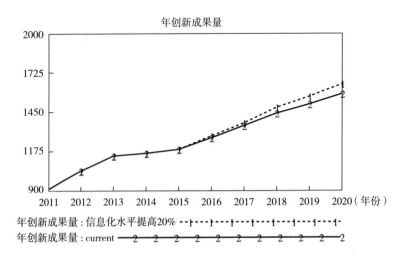

图 5-14 路径七仿真结果

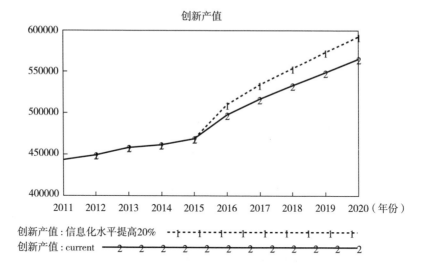

图 5-14　路径七仿真结果（续）

资料来源：模型仿真结果。

（8）综合分析。

对创新环境因素、创新主体特征因素和创新交流因素三方面选取的关键变量仿真结果综合对比分析，如图 5-15 和图 5-16 所示。从 2016 年变动关键影响因子设计不同路径，到 2020 年对年创新成果量的影响效果从高到低排序，变量依次为财政科技支出、企业研发经费支出、产学研合作系数、教育支出、城镇化率、科研机构年建设量、信息化水平；对创新产值的影响效果从高到低排序，变量依次为企业研发经费支出、产学研合作系数、财政科技支出、教育支出、城镇化率、信息化水平、科研机构年建设量。

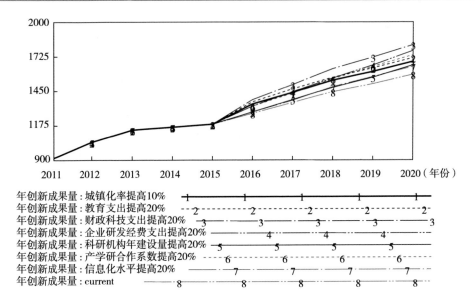

图 5-15　年创新成果量综合仿真结果

资料来源：笔者绘制。

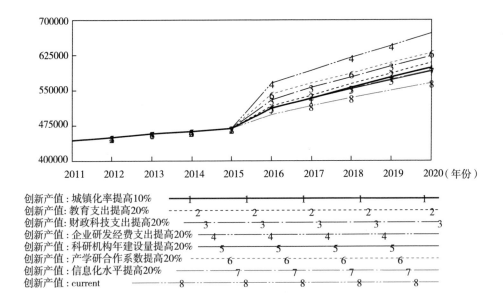

图 5-16　创新产值综合仿真结果

资料来源：笔者绘制。

第四节　本章小结

　　本章建立西部典型城市创新动力学系统并进行模拟仿真，探讨了创新效率影响因素对城市创新活动的作用机制，因素变化控制的不同路径下创新成果量和创新产值的发展变化。仿真结果显示，基于创新环境、创新主体特征和创新交流三方面的关键因子构建的不同路径，能够不同程度地增加城市创新成果和创新产值，仿真结果可以为下一章创新效率提升路径的研究提供依据。

第六章 西部典型城市创新效率
提升路径

本章采用基于样本的 Q 型聚类分析方法按照效率和影响因素的不同对西部典型城市进行分类，结合城市效率和影响因素指标所反映出的城市特点对不同类型城市分别提出创新效率提升路径建议。

第一节 基于聚类方法的西部典型城市分类

一、系统聚类分析统计方法

1. 聚类分析方法

人类认识事物一般先从分类开始，以对目标事物特征有更加明确的认识，因而分类学被称为认识世界的基础科学。数学工具被引入分类学中之后，分类统计得到了迅速发展，最常用到的主要有聚类分析法与判别分析法两种[150]。

聚类分析原理是通过指标性质所存在的相似性计算之间的关系系数，根据系数的大小将性质相似的指标分为一类，性质差别较大的指标归于不同的类别。判别分析法是先对确定了的指标分析特征，以此为依据构建数学公式进行描述，对需要分类的指标与确定分类的指标进行类比分析后归入分好的类型当中。

两种方法的区别在于，聚类分析法在分类之前并不了解研究事物的特征，也不确定事物分类数量，是对事物直接根据性质之间的相似关系进行的分类，并不需要有事先的知识了解；而判别分析法在分类之前已经明确个别事物的类型、特征和类别数量，在充分了解的基础上对新的研究事物归于已有分类。对西部典型城市进行聚类时，从创新方面并没有明确的类型和特征，因此适宜选择聚类分析法进行归类。在聚类分析中的各种统计方法中，本书选择应用较为广泛和成熟的系统聚类法对所选取的西部典型城市创新系统的构建特点进行研究。

2. 系统聚类原理

系统聚类方法基本思想是首先将每个样本自成一类，通过不同的距离计算方法得到样本之间的距离，根据距离大小合并距离最小的类别，之后按照新的类别重复计算并分类，直到所有样本聚为一类。系统聚类分析可以分为两种：一种是对样本所做的分类研究，将具有相似特征的样本聚在一类当中，称为 Q 型聚类；另一种是对指标变量作出分类，使特点相似的指标变量划分在一起，能够降低变量数量，突出更具代表性的指标，称为 R 型聚类。对西部典型城市的分类即是对样本的分类，采用 Q 型聚类法。

3. 样本距离计算方法

在 Q 型聚类中，通过距离来测度样本之间的类似程度。假设一个样本中有 p 个指标，样本的特征是这些指标的特征集合，可以将样本看成是一个 p 维向量，样本可以构成一个 p 维空间，此时样本就可以看成是空间中的一个点，点与点之间的距离就代表着样本的相似程度。构建具有 p 个指标的 n 个样本矩阵为：

$$X = \begin{bmatrix} x_{11} & x_{12} & \cdots & x_{1l} & \cdots & x_{1p} \\ x_{21} & x_{22} & \cdots & x_{2l} & \cdots & x_{2p} \\ \vdots & \vdots & & \vdots & & \vdots \\ x_{k1} & x_{k2} & & x_{kl} & \cdots & x_{kp} \\ \vdots & \vdots & & \vdots & & \vdots \\ x_{n1} & x_{n2} & \cdots & x_{nl} & \cdots & x_{np} \end{bmatrix}, \ k=1, \cdots, n, \ l=1, \cdots, p \tag{6.1}$$

其中，每行代表一个样本，计算样本之间的相似性，即通过计算矩阵中每行向量的距离得出。

用 X_{ik} 代表样本 i，X_{jk} 代表样本 j，d_{ij} 代表两样本之间的距离，常用的距离公式有以下几种：

（1）Minkowski 距离（明氏距离）。

$$d_{ij}(q) = \left(\sum_{k=1}^{p} |X_{ik} - X_{jk}|^q \right)^{1/q} \tag{6.2}$$

对公式中的 q 值重新赋值，可以变换成为其他几种距离公式。

（2）绝对距离。

使 q=1，

$$d_{ij}(1) = \sum_{k=1}^{p} |X_{ik} - X_{jk}| \tag{6.3}$$

（3）Euclidian 距离（欧氏距离）。

使 q=2，

$$d_{ij}(2) = \left(\sum_{k=1}^{p} |X_{ik} - X_{jk}|^2 \right)^{1/2} \tag{6.4}$$

（4）Chebychev 距离（切比雪夫）。

使 q=∞

$$d_{ij}(2) = \max_{1 \leqslant k \leqslant p} |X_{ik} - X_{jk}| \tag{6.5}$$

选择不同的距离计算方式，得到的分类结果也会不同。在实际分类中，要依据实际研究的目标、结果的实际意义、样本数据的量纲以及计算量的大小四个方面为原则选择距离公式。西部典型城市样本数据量纲不同，指标之间需要考虑相关性，分类需要突出城市特征，通过多次试验最终选择欧式距离计算方法。

二、西部典型城市聚类结果

通过 Q 型聚类方法对西部典型城市进行分类，综合考虑城市与创新相关的所有变量，样本指标纳入第三章测算的阶段效率和综合效率变量及第四章中的创新效率影响因素共 17 个指标，利用 SPSS 对数据标准化后再分类。本次 Q 型聚类的过程见聚类过程表（见表 6-1）和冰柱图（见图 6-1），聚类结果参见聚类树（见图 6-2）。

表 6-1　Q 型聚类过程

Stge	Cluster Combined		Coefficients	Stage Cluster Appears		Next Stage
	Cluster 1	Cluster 2		Cluster 1	Cluster 2	
1	1	13	0.801	0	0	6
2	5	6	1.038	0	0	8
3	3	10	1.175	0	0	7
4	7	12	1.245	0	0	7
5	8	11	1.528	0	0	9
6	1	2	1.535	1	0	9
7	3	7	1.859	3	4	11
8	5	14	2.381	2	0	10
9	1	8	2.534	6	5	11
10	4	5	2.539	0	8	12
11	1	3	2.848	9	7	12
12	1	4	3.239	11	10	13
13	1	9	5.127	12	0	0

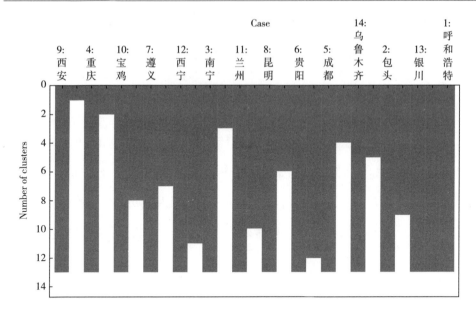

图 6-1　Q 型聚类冰柱图

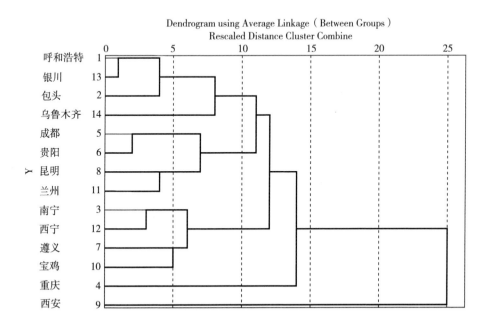

图 6-2　Q 型聚类分析聚类树

根据聚类过程和结果，14 个城市可以分为五类：

第一类是呼和浩特、银川、包头和乌鲁木齐，呼和浩特和银川首先合并成一类，随后和包头继续合并，最后合并乌鲁木齐成为第一类城市。此类城市工业基础较好，具有突出的地区资源优势，经济发展水平较高，但是对资源产业依赖性过高，城市经济发展较为简单粗放，创新动力不足，创新发展明显落后于其他同水平经济阶段的地区。城市创新在第一阶段技术研发创新能力较弱，缺乏知识创造动力，传统产业面临转型压力，调整产业结构，对传统产业进行技术升级和换代是这类城市创新的重点。

第二类包括成都、贵阳、昆明、兰州四个城市，在第一回合中成都和贵阳、昆明和兰州分别合并为一类，之后两类最终合并为第二类城市。这四个城市在西部城市中属于经济实力较强，创新环境较好的城市，拥有较为丰富的创新资源和相对发达的产业体系。但是城市创新虽然开始以企业为主体，但企业的技术创新主体地位有待加强，需要采取措施培育创新型企业，提高企业创新能力。发展优势企业，提升产业创新竞争力，实施绿色创新行动。

第三类包括南宁、西宁、遵义、宝鸡四个城市，这四个城市经济相对落后，对 14 个西部典型城市 2015 年人均 GDP 进行排名，这四个城市居于最后四位。科技基础设施普遍比较落后，创新要素比较缺乏，创新投入不足。此类城市在创新发展中需要政府发挥主导作用，但从科技支出占财政支出比重来看，四个地区同样居于最后几位，从科技支出占财政支出比重来看，四个地区同样居于最后几位，城市创新发展需要政府发挥出更大的作用。

第四类单列重庆。重庆得益于直辖市的发展优势，区域经济较为发达，城市基础设施建设良好，根本性创新与渐进性创新并存，城市两阶段创新发展较为平衡，企业创新能力较强。这一特点的城市，创新主要目标是向网络化的创新系统发展，形成一个开放的网络系统，为城市的创新活动提供开放的、自由的、充分的信息交流平台。

第五类单列西安市。西安是我国科研教育、国防科技和高新技术产业的重要基地，是地区最大也是最重要的科研、高等教育、国防科技工业和高新技术产业基地，拥有丰富的教育、科研和人才资源，研究机构是创新发展的主导力量。同时西安经济基础良好，创新投入较大，具有较好的创新发展的支撑优势。在创新发展过程中应注重知识、技术、产业之间的互动关系，合力创新。

第二节　西部典型城市分类分析

对西部典型城市 2011～2015 年创新效率测算值和创新影响因素指标数据标准化处理并按照城市分类合并取平均值后，绘制分类雷达图和总体雷达图进行分析。

1. 创新效率

根据图 6-3 创新效率在各类城市间的比较可以看出：第四类城市即重庆市综合效率和两阶段效率水平最高，两阶段效率较为平衡；第一类和第三类城市无论是综合效率还是阶段效率，都处于较低水平，尤其是技术研发阶段效率较弱；第五类城市即西安市技术研发效率较为突出，而经济转化效率是五类城市最低水平，技术研发效率和经济转化效率发展极不平衡；第二类城市的综合效率值处于五类城市中的第二位，主要源于其较高的技术研发效率，与西安市类似，同样有着两阶段效率发展不平衡的现象。

2. 创新环境因素

根据图 6-4 创新环境因素在各类城市间的比较可以看出：第一类城市、第二类城市和第五类城市在创新环境方面表现相对较好，而第三类城市和第四类城市相对较弱；第一类城市创新环境因素中，人均 GDP、人均城市道路面积、财政支

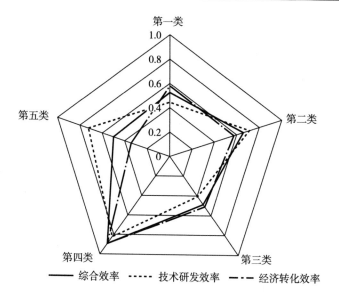

图 6-3　分类城市创新效率雷达

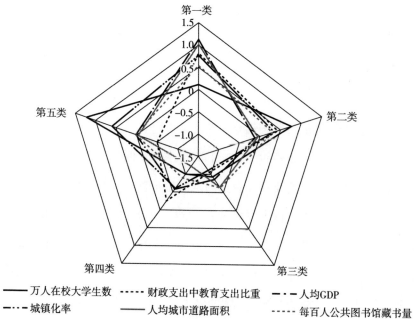

图 6-4　分类城市创新环境因素雷达

出中教育支出比重和城镇化率均处于较高水平，说明第一类城市在经济发展和城市基础建设方面具有优势，但是万人在校大学生数标准化值较低，说明这类城市在教育方面应该给予更多关注；第二类城市和第五类城市在万人在校大学生数指标上明显高于其他城市，与本类城市其他创新环境因素相比也较为突出，说明在高校教育方面有明显优势，可以为创新活动提供充足的人才，需要在经济环境、基础设施环境等方面继续改善才能留住人才，提高创新效率；第三类和第四类城市各个创新环境因素指标标准化值相对较低，尤其第三类城市所有指标值都处于五类城市最低水平，这两类城市亟须改善创新环境。

3. 创新主体特征因素

根据图 6-5 创新主体特征因素在各类城市间的比较可以看出：第五类城市即西安市的 R&D 支出中政府资金比例、财政支出中科技支出比重、规模以上工业企业研发经费中政府资金比重和科研机构从业人员占总就业人员比重这四个指标值远高于其他四类城市，说明西安市在政府对创新活动的支持和科研机构的建设方面具有明显优势，有研发活动的企业占比值虽然没有明显突出，但也处于五类城市中的第一位，说明企业创新发展表现良好，但是与政府和科研机构相比，仍有较大提升空间；其他四类城市创新主体特征指标值整体上水平相似，内部指标差别较大，根据指标值所反映的创新主体特征可以看出，第一类城市中企业和科研机构的发展相对较好，政府对于创新的支持水平较低，政府需要增强对创新的重视程度；第二类城市政府支持和企业的发展相对较好，然而科研机构从业人员占总就业人员比重值较低，说明科研机构的建设并未达到城市创新发展的要求；第三类城市科研机构以及政府两类主体创新表现良好，有研发活动的企业占比值位于最后一位，需要加强企业创新能力建设；第四类城市即重庆市具有较多的企业进行研发创新活动，然而科研机构从业人员占总就业人员比重极低，需要建设更多的科研机构满足城市创新需求。

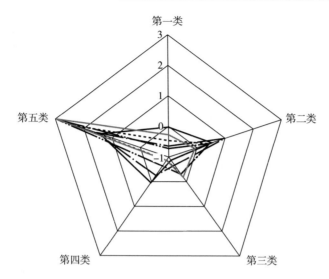

图 6-5 分类城市创新主体特征因素雷达

4. 创新交流因素

根据图 6-6 创新主体特征因素在各类城市间的比较可以看出：重庆市和西安市在创新交流方面水平较高，其次是第二类城市，第一类城市和第三类城市创新交流能力较弱。互联网普及率指标代表城市信息化建设状况，通过影响创新信息的传递影响创新主体交流，第二类城市和第五类城市互联网普及率略高于第一类和第四类城市，发展相对均衡，第三类城市分数最低，需要加强信息化建设；进出口贸易额占 GDP 比重能够反映城市的对外开放程度，开放程度较高的城市创新主体和外部的交流更多，西安市和重庆市具有较高的对外开放度，而第一类城市和第三类城市需要积极主动地扩大和外部的合作交流；高校与科研机构研发经费中企业资金所占比例很好地反映出城市创新主体的产学研合作关系，重庆市产学研合作方面表现突出，其他四类城市均需采取措施进一步促进产学研的合作。

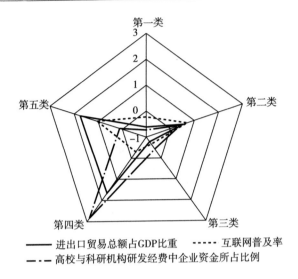

图6-6 分类城市创新交流因素雷达

绘制五类城市效率和影响因素总体雷达图，如图6-7所示。

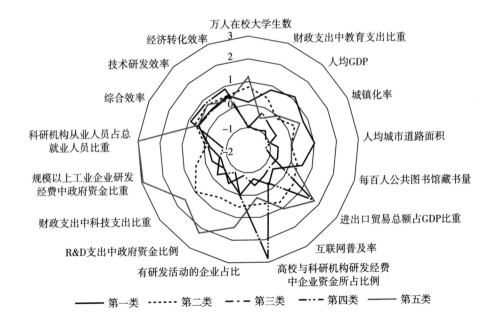

图6-7 分类城市总体雷达

第三节 西部典型城市创新效率提升路径建议

城市创新效率不同、影响因素发展情况也不同，所适应的创新效率提升路径就各不相同。针对各类城市分析展现的特点，结合第六章路径仿真结果，分类提出各类城市创新效率提升路径建议。

一、呼和浩特、银川、包头、乌鲁木齐

（1）提高政府创新支持力度，发挥政府引导作用。政府要积极主动发挥自身在城市创新活动中的作用，加大对创新的资金投入和政策支持力度。首先，强化财政资金对于创新的扶持作用，积极促进科技与金融结合，鼓励社会资本更多地投入创新，推动形成以政府投资为引导的科技融资体系；其次，提高政府科技和教育方面的财政支出，设立专门的创新基金支持创新项目建设，鼓励创新工作的开展，建立健全创新资金相关制度，设立监督体系，保障资金使用有效性；最后，完善创新政策体系，制定城市创新规划引导创新建设，通过税收优惠、财政资助等一系列优惠政策鼓励创新。

（2）重视知识创新，抢占创新制高点。一方面，推进知识创新系统建设，包括强化高校、科研院所的源头创新能力，打造知识创新高地，营造高端学术氛围，围绕重点科学领域进行产学研深度合作，支持高校和科研机构共同建设新的研发中心、重点实验室，形成新的合作机制；另一方面，加强引进技术和高端科技人才。企业、科研院所等是容纳人才的主要力量，因此在人才引进方面要发挥主要作用，政府要对这些单位人才的引进进行各方面的支持，吸引优秀人才领军承担自主创新项目。

（3）推进开放创新，积极开展科技合作。与国内外城市开展科技合作，积极进行技术引进和实施企业"走出去"计划。一方面，积极吸引国内其他城市或者国际上的公司和研究机构来本市设立研发中心、开展科技创新活动，实施创新资源共享，合作组建科技载体和平台，进行项目合作；另一方面，鼓励企业主动向外扩展科技研发，融入全球科技创新体系，推动企业创新的开放式发展，加强地区组织之间的交流合作。

二、成都、贵阳、昆明、兰州

（1）强化企业创新主体地位。完善激励企业开展创新的政策体系，引导企业建立于自身发展相适应的技术研究开发机构。通过颁布税收优惠政策、其他减免政策等方法，引导企业增加创新资源，强化企业在城市创新投入中的主体地位。在产业发展中重视行业专门研究中心的建设，构建一批拥有高水平研发能力的技术开发机构，以现代化的管理方式运行研发中心，促进科研成果产出，为企业提供技术保障和前沿技术创新成果。培育创新型企业，通过实施重点科技创新项目，开创企业试点，提升创新能力，发挥辐射带动效应。

（2）重视高校与研究机构建设，推进"产学研"一体化进程。加强高校在特色研究领域的建设，加大对已受到国家认定的工程研究中心、重点实验室、企业技术中心等研究机构的支持，充分发挥并利用这些机构的带动能力，促进地区的科技创新发展。以国家级检测中心培养为依托，不断加强对科技创新平台的建设，优化科技机构平台，完善科技服务体系。以发展内容多样化，投资方面多元化，管理经营信息化为整体着手点，建设出既具备专业功能又具备完整性能的科技企业孵化器。加强科技服务业对创新的支持作用，提升服务功效，实现功能新突破。支持研究主体，如高校和科研机构等，创立科技创新孵化器，加强产学研相互合作与共同发展。

（3）优化城市创新环境，实施绿色发展创新。第一，经济环境。积极研发和利用高新技术，培育一批优势特色产业，推动创新发展。第二，基础设施环境。一方面加强城市交通、信息网络等硬件设施建设，保证创新资源整合的顺畅；另一方面西部城市应积极争取在当地建设国家工程技术研究中心及其他高层次研究机构和高等学校的建设，强化高校和科研机构在自主创新中的源头作用，积极发挥高校、科研机构在创新过程中的基础性研发和科技成果转化的双重作用。第三，政策环境。根据城市发展的实际情况，加快研究制定城市创新体系的总体战略和重大政策，包括科技、经济、产业、财政、税收、教育、知识产权保护等相关政策，引导和规范创新主体的行为，合理利用创新资源，资金统筹管理，形成良好的创新政策环境，提高城市创新效率。第四，生态环境。环境优美、生态宜居的城市更能吸引创新人才的集聚，更适合高科技企业的发展，从城市特色入手，加强生态文明建设，营造城市宜居宜业的环境，以此推动城市创新发展。

三、南宁、西宁、遵义、宝鸡

（1）发挥地方优势，构建具有特色的城市创新体系。这类城市在自主创新工作中，应优化资源配置，将提高创新能力与区域特色和优势相结合，围绕优势产业攻克制约产业发展的技术难题和共性技术，形成产业特色鲜明、产业链比较完善、企业创新能力强、辐射带动作用明显的创新产业基地，培育产业竞争优势。充分利用本市优势资源产业，以核心技术和先进工业改造提升传统产业，建立以产业集聚化、技术创新化、服务现代化为主要特征的新型工业化体系。激励传统产业企业建设研发中心，集中科技力量对产品深入研发，加快向创新型研发方向转型。通过自主创新，优化产品和产业结构。注重用高技术改造升级产业，用资本市场实现扩产，使传统产业升级换代，成为具有竞争优势新兴产业，构建具有地方特色的城市创新体系。

（2）发挥政府主导作用。在科技基础设施普遍比较落后，创新要素较为缺乏，创新投入不足的城市中，政府在创新工作中需要发挥主导作用，根据国家的发展重点和城市资源优势选定目标，通过科学以及重点研究开发项目进行快速的技术创新；通过颁布创新规划引导创新重点方向，对重点领域统一部署，科学决策；统筹城市创新资源，构建涵盖城市创新工作建设全方位的工作体系。

（3）加强创新基础设施建设。创新基础设施建设包括城市硬件设施和创新载体两方面，城市建设应做好这两方面的建设工作。一方面加强城市交通、信息网络基础设施的建设，保证创新资源整合的顺畅；另一方面城市应积极争取在当地建设国家工程技术研究中心及其他高层次研究机构和高等学校的建设，强化高校和科研机构在自主创新中的源头作用，积极发挥高校、科研机构在创新过程中的基础性研发和科技成果转化的双重作用。

四、重庆

（1）聚焦重点领域技术创新。把握城市经济发展和产业升级的新趋势，选择重点产业提高发展质量和发展效率，坚持以技术突破带动产业升级。从重庆实际出发，聚焦先进制造技术、信息技术等重点产业的研发进行支持，设立研究开发专项资金或者成立科技项目对产业新技术、新领域进行专门研究，力争实现产业新突破，带动产业发展。支持企业与高校和科研院所合作构建新的研究平台，攻课技术难题。采取补贴、奖励等方式，支持产业内的创新成果的应用与推广，以创新要素的相互渗透形成持久创新动力，培育创新发展新优势。

（2）加强研究机构建设，强化研究机构创新源头作用。一方面，积极争取在本市建设国家工程技术研究中心及其他高层次研究机构。创建一流大学，鼓励大学成立研发机构，建设良好的创新实验条件。搭建高水平知识创新平台，成立重点实验室等研究机构进行原始创新。另一方面，强化科研机构在自主创新中的源头作用，鼓励科研机构探索科技与经济结合的新途径，面向企业生产需要和市场需求进行研究开发与技术创新，突出产业技术创新，合作推动科研成果的转化，满足地方科技经济发展需要。

五、西安

（1）发挥科教资源优势，加强产学研合作。西安市具有丰富的科教资源，技术研发阶段效率优势明显。要利用产学研的有效融合，推动城市科教资源优势的转化。一是可以通过课题委托和技术顾问等方式实现企业和高校科研机构的合作，使高校科研机构的基础研究与产业需求相对接，促进创新成果转化为实实在在的生产力；二是鼓励高校和科研机构利用自身技术优势，牵头以技术转让或者技术入股的方式参与到企业后续成果经济转化的过程中，使高校和科研机构与企业产生更加紧密的联系，对高校和科研机构产生试验和发展的内在动力，对企业可以完成成果更加有效地转化；三是政府通过设立产业基金、科技立项和课题等方式，组织企业与高校和科研机构联合完成，开展相关技术研究，引导形成稳定的产学研合作机制；四是建设更多大学科技园，发挥大学科技园在培育创新人才、高校成果转化、孵化高新技术企业等方面的作用。提高大学科技园的质量和效益，将已有园区不断发展成为具有一定国际影响力的科技园区。

（2）提高企业自主创新能力。一是支持企业研发机构建设，引导企业设立或依托大学和科研院所的科技资源，建立企业技术中心、重点实验室、工程技术研究中心、国际科技合作示范基地等研发机构，带动企业研发能力的整体提升；二是建立健全企业创新激励政策，推进企业研究开发费用加计扣除等税收优惠政策的落实，激发企业创新动力，鼓励企业自主创新；三是支持由企业牵头实施市场导向明确的科研项目，创新的研发方向、技术线路和要素配置方式，由企业根据市场需求和自身发展需要自主决策。

第四节　本章小结

　　本章采用基于样本的 Q 型聚类分析对西部典型城市分为了五类，并结合创新效率和创新影响因素进行了分类研究，最后有针对性地提出了各类城市在提升创新效率方面的路径建议。

第七章　结论与展望

第一节　主要结论

以西部典型城市创新为研究对象，结合创新理论、创新系统理论对西部典型城市创新系统进行了分析，基于创新价值链理论将西部典型城市创新活动划分为技术研发和经济转化两个阶段，利用新型关联两阶段超效率 DEA 方法测算了近五年来西部典型城市创新的阶段性效率和综合效率值。根据效率评价结果和西部典型城市面板数据实证分析了创新效率影响因素，利用 PLS-SEM 方法分析了影响路径，并运用系统动力学知识和计算机技术等工具进行创先效率影响因素的仿真模拟，在此基础上对西部典型城市分类，并分别提出了创新效率提升的路径建议。研究获得的主要结论有：

（1）结合创新价值链分析，西部典型城市的创新活动可划分为两个大的阶段——技术研发阶段和经济转化阶段，结合网络 DEA 和超效率 DEA 方法构建的新型两阶段超效率 DEA 方法对西部典型城市创新综合效率和阶段效率进行了测评。效率测算结果显示，五年间西部典型城市整体上创新综合效率和技术研发阶段创新效率有了较大提升，经济转化阶段效率值下降是导致创新综合效率出现下降或者增长缓慢的主要原因；西部典型城市之间创新效率差距明显，通过阶段性效率二维矩阵分布可以分为高研发高转化、低研发高转化、高研发低转化、低研发低转化四种类型。

（2）西部典型城市创新效率的影响因素包括创新环境因素、创新主体特征因素和创新交流因素，创新主体的特征和主体之间的交流联系是西部典型城市创新效率的主要直接影响因素，创新环境通过创新主体特征和创新交流对创新效率有间接影响作用；技术研发效率受到创新主体特征因素影响较大，经济转化效率受到创新交流因素影响较大。创新环境、创新主体特征和创新交流因素发展不同是西部典型城市创新效率差距的主要原因，提高城市创新效率可以从三个维度中包含的因素为导向制定政策和措施。

（3）从系统角度构建西部典型城市创新系统，通过系统构建和运行可以探究西部典型城市创新运行机制，结合影响因素分析选取创新环境、创新主体特征和创新交流三方面的关键因素构建路径情景，仿真模拟可以仿真预测不同路径下城市创新发展情况。基于创新环境、创新主体特征和创新交流三方面的关键因子设定不同的路径，能够不同程度地增加城市创新成果和创新产值，研究结论可以为路径的制定提供参考。

（4）基于创新的影响因素利用样本的 Q 型聚类分析方法对西部典型城市进行分类，最终呼和浩特、银川、包头、乌鲁木齐归为第一类，成都、贵阳、昆明、兰州归为第二类，南宁、西宁、遵义、宝鸡归为第三类，重庆和西安分别为一类。结合城市创新效率和影响因素不同特征，有针对性地提出了各类城市在提升创新效率方面的路径建议。

第二节　主要创新点

（1）结合网络 DEA 和超效率 DEA 两种模型构建了新型关联两阶段超效率 DEA 模型（TSS-DEA），解决了传统效率评价方法未能充分考虑创新阶段性特征和不能继续区分有效单元的两个问题。应用此方法对西部典型城市创新效率进行评价，测算出各市综合创新效率值和阶段创新效率值，并对各市进行明确的比较排名，全面分析了西部典型城市创新效率情况。

（2）利用 14 个城市 5 年的实际数据实证分析了西部典型城市创新效率影响因素，利用偏最小二乘法结构方程方法构建了影响路径模型，分析了影响因素相互作用之下对创新效率的影响路径。在此基础上建立西部典型城市创新系统动力学模型，对创新效率关键影响因素变动下的不同路径仿真分析，预测了不同路径下的创新效应，为西部典型城市创新效率提升路径的提出提供依据。

（3）基于效率和影响因素差别将西部典型城市分为 5 类进行，并对 5 类城市特点进行分析，结合研究结论和分类特点，更有针对性地对各类城市提出了不同提升创新效率的路径建议。西部非典型城市也能根据自身特点对应不同类型城市，借鉴相应的创新效率提升经验。

第三节　研究展望

城市创新是一个复杂课题，其中包含的因素众多，创新理论也正处于丰富完善的过程之中。在研究西部典型城市创新的过程中，由于研究条件、研究方法和笔者知识面和能力水平等限制，研究中存在一些不足，有待在下一步的研究中改进，主要体现在以下几个方面：

（1）本书在选择研究对象西部典型城市过程中，主要参考国家科技部发布的创新城市试点单位，以创新试点城市为代表探究西部城市创新。在下一步研究中，可将西部全部城市纳入研究，更加全面地探究西部城市创新问题。

（2）本书对西部典型城市实证研究时，受限于 2009 年之后创新方面统计指标的变更以及数据的可获取性，所以在实证研究中仅有 5 年的数据，样本量不大，如果可以获得更全面的数据，文章的研究将更加深入。

（3）所建立的西部典型城市创新仿真模型，仅是实际系统的简化表达，必然存在实际系统与仿真模型之间的差异，下一步需要继续对该系统动力学模型进行改进和优化，使得理论模型更加符合系统的实际情况。

（4）受时间和篇幅限制，本书在系统动力学仿真时选择的一个城市为例，在下一步研究中可通过不同城市的对比分析城市之间创新因子影响差异，研究可以更具针对性。

参考文献

［1］James Simmie. Innovative Cities ［M］. New York：James Simmie, 2001：89-105.

［2］Peter Hall, Mark Tewdwr-Jones. 城市和区域规划（第五版）［M］. 北京：中国建筑工业出版社, 2014：57-69.

［3］赵黎明, 冷晓明. 城市创新系统［M］. 天津：天津大学出版社, 2002：5-118.

［4］隋映辉. 城市创新系统与"城市创新圈"［J］. 学术界, 2004（3）：105-112.

［5］张辉鹏, 石嘉兴. 面向知识经济时代的城市技术创新体系［M］. 北京：中国金融出版社, 2004（8）：125-134.

［6］张德平. 建立城市技术创新体系促进区域经济发展［J］. 吉林大学社会科学学报, 2001（5）：124-129.

［7］刘嗣明, 徐敏. 集聚效应下的城市创新系统探析——以武汉市为例［J］. 学习与实践, 2007（11）：41-47.

［8］谢科范, 张诗雨, 刘骅. 重点城市创新能力比较分析［J］. 管理世界, 2009（1）：176-177.

［9］Tödtling F. , Trippl M. One Size Fits All? Towards a Differentiated Regional Innovation Policy Approach ［J］. Research Policy, 2005, 34 (8)：1203-1219.

［10］唐启国. 科学发展观与南京城市创新体系的构建 ［J］. 南京社会科学, 2004 (S1)：99-104.

［11］张立柱, 隋映辉. 城市创新系统与山东省 "四大创新圈模式" 构建 ［J］. 科学学研究, 2006 (S1)：314-319.

［12］赵继军, 胡兆霞. 城市创新系统的结构与演化——基于代理的建模 ［J］. 科学学与科学技术管理, 2010 (1)：65-71.

［13］Nelson R. R. National Innovation Systems：A Retrospective on a Study ［M］. UK：Organization and Strategy in the Evolution of the Enterprise. Palgrave Macmillan, 1996：347-374.

［14］赵黎明, 李振华. 城市创新系统的动力学机制研究 ［J］. 科学学研究, 2003 (1)：97-100.

［15］隋映辉, 付大伟. 城市创新系统与风险投资体系互动运作研究 ［J］. 科学学研究, 2003 (S1)：289-295.

［16］张省, 顾新. 城市创新系统动力机制研究 ［J］. 科技进步与对策, 2012 (5)：35-39.

［17］余泳, 陈龙, 王筱. 中国区域高技术产业创新绩效测度与评价——基于因子分析和空间计量模型的实证研究 ［J］. 西安财经学院学报, 2015, 28 (2)：39-46.

［18］张铁山, 肖皓文. 中国制造业技术创新能力和效率评价研究——基于因子分析法和数据包络法 ［J］. 工业技术经济, 2015, 34 (10)：99-106.

［19］Fritsch M. , Lukas R. Who Cooperates on R&D? ［J］. Research Policy, 2001, 30 (2)：297-312.

［20］王海盛, 郑立群. 区域创新系统创新绩效测度研究 ［J］. 安徽工业大

学学报（社会科学版），2005（6）：39-40.

　　［21］余冬筠. 区域创新的效率及模式研究［D］. 浙江大学，2011.

　　［22］龚雪媚，汪凌勇，董克. 基于 SFA 方法的区域技术创新效率研究［J］. 科技管理研究，2011，31（16）：57-62.

　　［23］刘顺忠，官建成. 区域创新系统创新绩效的评价［J］. 中国管理科学，2002（1）：76-79.

　　［24］官建成，何颖. 基于 DEA 方法的区域创新系统的评价［J］. 科学学研究，2005（2）：265-272.

　　［25］孙凯. 基于 DEA 的区域创新系统创新效率评价研究［J］. 科技管理研究，2008（3）：139-141.

　　［26］白俊红，江可申，李婧等. 区域创新效率的环境影响因素分析——基于 DEA-Tobit 两步法的实证检验［J］. 研究与发展管理，2009，21（2）：96-102.

　　［27］郭淡泊，雷家骕，张俊芳等. 国家创新体系效率及影响因素研究——基于 DEA-Tobit 两步法的分析［J］. 清华大学学报（哲学社会科学版），2012（2）：142-150+160.

　　［28］林佳丽，薛声家. 广东省各市科技创新有效性评价——基于 DEA 超效率模型的分析［J］. 科技管理研究，2008（8）：111-114.

　　［29］徐小钦，黄馨，梁彭勇. 基于 DEA 与 Malmquist 指数法的区域科技创新效率评价——以重庆市为例［J］. 数理统计与管理，2009，28（6）：974-985.

　　［30］孙红兵，向刚. 基于 DEA 的城市创新系统创新效率评价分析［J］. 科技进步与对策，2011，28（12）：130-135.

　　［31］官建成，陈凯华. 我国高技术产业技术创新效率的测度［J］. 数量经济技术经济研究，2009，26（10）：19-33.

［32］陈伟，冯志军，姜贺敏等．中国区域创新系统创新效率的评价研究——基于链式关联网络 DEA 模型的新视角［J］．情报杂志，2010，29（12）：24-29.

［33］李邃，江可申，郑兵云．基于链式关联网络的区域创新效率研究——以江苏为研究对象［J］．科学学与科学技术管理，2011，32（11）：131-137.

［34］吴美琴，肖慧，樊晓宏等．区域绿色创新三阶段效率研究——基于 NSBM 模型的分析［J］．山西大学学报（哲学社会科学版），2016，39（6）：79-86.

［35］Furman J. L. , Porter M. E. , Stern S. The Determinants of National Innovative Capacity［J］. Research Policy，2002，31（6）：899-933.

［36］Hu M. C. , Mathews J. A. National Innovative Capacity in East Asia［J］. Research Policy，2005，34（9）：1322-1349.

［37］詹·法格博格，戴维·莫利，理查德·纳尔逊．牛津创新手册［M］．柳卸林等译．北京：知识产权出版社，2009.

［38］Natario M. M. , Couto J. P. , Braga A. M. Evaluating the Determinants of National Innovative Capacity among European Countries［R］. European Regional Science Association，2011.

［39］张杨，汤凌冰，金培振．金砖国家创新能力测度与影响因素研究［J］．中国软科学，2015（6）：148-157.

［40］魏守华．国家创新能力的影响因素——兼评近期中国创新能力演变的特征［J］．南京大学学报（哲学·人文科学·社会科学版），2008（3）：30-36.

［41］李盛竹，马建龙．国家科技创新能力影响因素的系统动力学仿真——基于 2006—2014 年度中国相关数据的实证［J］．科技管理研究，2016（13）：8-15.

［42］李习保．中国区域创新能力变迁的实证分析：基于创新系统的观点［J］．管理世界，2007（12）：18-30+171.

［43］李婧，谭清美，白俊红．中国区域创新效率及其影响因素［J］．中国人口·资源与环境，2009（6）：142-147.

［44］陈晶．我国区域创新空间结构及影响因素［J］．系统工程，2011（7）：41-48.

［45］谭俊涛，张平宇，李静．中国区域创新绩效时空演变特征及其影响因素研究［J］．地理科学，2016（1）：39-46.

［46］倪鹏飞，白晶，杨旭．城市创新系统的关键因素及其影响机制——基于全球436个城市数据的结构化方程模型［J］．中国工业经济，2011（2）：16-25.

［47］郑琼洁，倪鹏飞，杨旭．东北亚城市科技创新能力提升的因素探讨——基于结构化方程模型的路径分析［J］．科技进步与对策，2011，28（21）：39-45.

［48］王俊松，颜燕，胡曙虹．中国城市技术创新能力的空间特征及影响因素——基于空间面板数据模型的研究［J］．地理科学，2017（1）：11-18.

［49］吴先慧，吴海燕，陆强等．我国区域创新体系的影响因素实证研究——以深圳为例［J］．科技进步与对策，2011（7）：26-31.

［50］颜莉，张军．区域创新体系的影响因子分析模型实证研究——以武汉为例［J］．经济问题，2011（6）：119-122.

［51］刘丽辉，陈晶瑛．广东区域创新能力影响因素实证分析［J］．中国人力资源开发，2012（6）：81-85+105.

［52］张丽琨，刘晓丽．城市创新绩效影响因素的灰色关联分析［J］．科技管理研究，2014（1）：230-233.

［53］潘德均．西部地区区域创新系统建设［J］．科学学与科学技术管理，2001（1）：38-40.

［54］王益谊，席酉民，梁磊．西部区域创新系统的结构及其战略主体演化

的研究 [J]．研究与发展管理，2003（3）：8-12.

[55] 曹海英，贾春晨．西部地区技术创新存在问题与对策研究 [J]．北方民族大学学报（哲学社会科学版），2010（1）：41-46.

[56] 朱顺泉．我国西部地区各省市区科技创新能力评价与比较研究 [J]．科技管理研究，2006（6）：38-39+54.

[57] 朱承亮，岳宏志，李婷．我国西部地区区域创新能力实证研究 [J]．科技管理研究，2009（10）：135-138.

[58] 谭开明，魏世红．基于主成分分析的西部地区创新能力评价研究 [J]．西安财经学院学报，2013，26（1）：73-77.

[59] 严红．中国西部地区科技创新效率测算及其影响因素分析 [J]．中共四川省委党校学报，2013（3）：74-78.

[60] 李涛，孙研．我国西部区域创新能力影响因素的空间计量分析——基于西部地区面板数据的实证研究 [J]．湖南社会科学，2016（1）：134-139.

[61] 约瑟夫·熊彼特．经济发展理论 [M]．何展等译．北京：商务印书馆，1990：75-85.

[62] Schumpeter J. A. Business Cycles: A Theoretical, Historical and Statistical Analysis of the Capitalist Process [J]. The Economic Journal, 1942, 52: 223-229.

[63] Enos J. L. Invention and Innovation in the Petroleum Refining Industry [R]. National Bureau of Economic Research, Inc., 1962: 299-321.

[64] Freeman C., Soete L. The Economics of Industrial Innovation [M]. Cambridge: MIT Press, 1997: 215-219.

[65] Pavitt K., Stoneman P. The Economic Analysis of Technological Change [J]. Economic Journal, 1983, 94 (374): 433.

[66] 彼得·德鲁克．创新与企业家精神 [M]．蔡文燕译．北京：企业管理出版社，1989：35-37.

［67］董中保．关于技术创新概念的辨析［J］．科学管理研究，1993（4）：15-18.

［68］傅家骥．中国技术创新理论研究［J］．政策与管理，2001（12）：42.

［69］许庆瑞，刘景江，赵晓庆．技术创新的组合及其与组织、文化的集成［J］．科研管理，2002（6）：38-44.

［70］邹新月，罗发友，李汉通．技术创新内涵的科学理解及其结论［J］．技术经济，2001（5）：13-14.

［71］付淳宇．区域创新系统理论研究［D］．吉林大学，2015.

［72］Freeman C. Japan：A New National System of Innovation？［J］．Technical Change and Economic Theory，1988：330-348.

［73］Lundvall B.，Christensen J. L. Extending and Deepening the Analysis of Innovation Systems-with Empirical Illustrations from the DISCO-project［C］．International Conference on E-Product E-Service and E-Entertainment. IEEE，1999：1-4.

［74］Lundvall B. National Systems of Innovation［M］．New York：Pinter Publishers，1992：35-36.

［75］Michael E. Porter. 国家竞争优势［M］．北京：华夏出版社，2002：98-108.

［76］OECD. National Innovation System［M］．Paris：OECD，1997.

［77］Cooke P. N.，Heidenreich M.，Braczyk H. J. Regional Innovation Systems：The Role of Governances in a Globalized World［J］．European Urban & Regional Studies，1998，6（2）：187-188.

［78］Nelson R. R. National Systems of Innovation：A Comparative Study［M］．Oxford：Oxford University Press，1993.

［79］Autio E.，Yli-Renko H. New，Technology-based Firms in Small Open Economies—An Analysis Based on the Finnish Experience［J］．Research Policy，

1998，26（9）：973-987.

［80］Doloreux D. What We Should Know about Regional Systems of Innovation ［J］. Technology in Society，2002，24（3）：243-263.

［81］冯之浚. 国家创新系统的理论与政策［M］. 北京：经济科学出版社，1999：15-20.

［82］黄鲁成. 关于区域创新系统研究内容的探讨［J］. 科研管理，2000，21（2）：43-48.

［83］柳卸林. 区域创新体系成立的条件和建设的关键因素［J］. 中国科技论坛，2003（1）：18-22.

［84］邹再进. 对区域创新系统内涵的再认识［J］. 云南财经贸易大学学报（社会科学版），2006（3）：77-78.

［85］Farrell M. J. The Measurement of Productive Efficiency［J］. Journal of the Royal Statistical Society，1957，120（3）：253-290.

［86］Debreu G. The Coefficient of Resource Utilization［J］. Econometrica，1951，19（3）：273-292.

［87］萨缪尔森，诺德豪斯. 经济学（第19版）［M］. 萧琛译. 北京：商务印书馆，2012：375-378.

［88］Afriat S. N. Efficiency Estimation of Production Functions［J］. International Economic Review，1972，13（3）：568-598.

［89］Koopmans T. C. A Ctivity Analysis of Production and Allocation［M］. New York：Wiley，1951：103-117.

［90］Coelli T. J.，Rao D. S. P.，O'Donnell C. J.，et al. An Introduction to Efficiency and Productivity Analysis［M］. Berlin：Springer Books，2005.

［91］池仁勇. 企业技术创新效率及其影响因素研究［J］. 数量经济技术经济研究，2003（6）：105-108.

［92］严浩仁．以企业为主体的区域自主创新系统研究［M］．杭州：浙江工商大学出版社，2010：67-98.

［93］中国科技发展战略小组．中国区域创新能力报告［M］．北京：经济管理出版社，2003：135-140.

［94］曾小彬，包叶群．试论区域创新主体及其能力体系［J］．国际经贸探索，2008，24（6）：12-16.

［95］田红娜．中国资源型城市（地区）创新体系营建研究［D］．东北林业大学，2007.

［96］刘曙光．区域创新系统［M］．北京：中国海洋大学出版社，2004：33-39.

［97］周洪文，宋丽萍，刘玮．区域创新系统绩效评价比较研究［J］．工业技术经济，2014，33（9）：22-33.

［98］周文泳，项洋．中国各省市区域创新能力关键要素的实证研究［J］．科研管理，2015，36（S1）：29-35.

［99］冯文雅．宁夏银川市设立10亿元政府基金促企业科技创新［EB/OL］．http：//news. xinhuanet. com/2016－12/07/c_1120073663. htm，2017－09－21/2016-12-07.

［100］杨弃非，余蕊均．成都将设超20亿知识产权运营基金　规模居全国城市之首　最快下月底启动［EB/OL］．http：//www. cdst. gov. cn/ReadNews. asp? NewsID＝21476，2017－09－21/2017-7-26.

［101］中共黑龙江省委宣传部课题组．贯彻邓小平"两个大局"战略思想，促进区域经济协调发展［J］．学术交流，2004（9）：1-9.

［102］方创琳，刘毅，林跃然．中国创新型城市发展报告［M］．北京：科学出版社，2013：14-18.

［103］Hall L. A.，Bagchi-Sen S. A Study of R&D，Innovation，and Business

Performance in the Canadian Biotechnology Industry ［J］. Technovation, 2002, 22 (4): 231-244.

［104］Birkinshaw J., Bessant J., Delbridge R. Finding, Forming, and Performing: Creating Networks for Discontinuous Innovation ［J］. California Management Review, 2007, 49 (3): 67-84.

［105］Roper S., Du J., Love J. H. Modelling the Innovation Value Chain ［J］. Research Policy, 2008, 37 (6-7): 961-977.

［106］Porter M. E., Kramer M. R. Creating Shared Value ［J］. Bestmasters, 2011, 89 (1): 62-77.

［107］Lee J., Gereffi G., Beauvais J. Global Value Chains and Agrifood Standards: Challenges and Possibilities for Smallholders in Developing Countries ［J］. Proceedings of the National Academy of Sciences of the United States of America, 2012, 109 (31): 26-31.

［108］张鸿, 郝添磊, 汪玉磊. 基于创新链视角的科技创新效率实证分析 ［J］. 西安财经学院学报, 2017 (6): 56-61.

［109］梁瑞敏, 彭佑元. 基于网络 DEA 的山西省区域科技创新绩效评价研究 ［J］. 科技管理研究, 2014, 34 (18): 112-116.

［110］R. D. Banker, A. Charnes and W. W. Cooper. Some Models for Estimating Technical and Scale Efficiencies in Data Envelopment Analysis ［J］. Management Science, 1984 (9): 1078-1092.

［111］Liang L., Yang F., Cook W. D., et al. DEA Models for Supply Chain Efficiency Evaluation ［J］. Annals of Operations Research, 2006, 145 (1): 35-49.

［112］Fare R., Grosskopf S. Network DEA ［J］. Socio-Economic Planning Sciences, 2005, 34 (1): 35-49.

［113］Kao C., Hwang S. N. Efficiency Decomposition in Two-stage Data Envelopment Analysis: An Application to Non-life Insurance Companies in Taiwan [J]. European Journal of Operational Research, 2008, 185 (1): 418-429.

[114] Chen Y., Cook W. D., Li N., et al. Additive Efficiency Decomposition in Two-stage DEA [J]. European Journal of Operational Research, 2009, 196 (3): 1170-1176.

[115] 查勇，梁樑，许传永. 基于 BCC 模型的几何平均最优意义下的两阶段合作效率 [J]. 系统工程理论与实践, 2008, 28 (10): 53-58.

[116] A. Charnes, W. W. Cooper, E. Rhodes. Measuring the Efficiency of Decision Making Units [J]. European Journal of Operations Research, 1978, 2 (6): 429-444.

[117] Charnes A., Cooper W. W. Programming with Linear Fractional Functionals [J]. Naval Research Logistics, 2010, 9 (3-4): 181-186.

[118] Fritsch M. Cooperation and the Efficiency of Regional R&D Activities [J]. Cambridge Journal of Economics, 2004, 28 (6): 829-846.

[119] Fritsch M., Slavtchev V. Determinants of the Efficiency of Regional Innovation Systems [J]. Regional Studies, 2011, 45 (7): 905-918.

[120] Buesa M., Heijs J., Pellitero M. M., et al. Regional Systems of Innovation and the Knowledge Production Function: The Spanish Case [J]. Technovation, 2006, 26 (4): 463-472.

[121] Buesa M., Heijs J., Baumert T. The Determinants of Regional Innovation in Europe: A Combined Factorial and Regression Knowledge Production Function Approach [J]. Research Policy, 2010, 39 (6): 722-735.

[122] Li X. China's Regional Innovation Capacity in Transition: An Empirical Approach [J]. Research Policy, 2009, 38 (2): 338-357.

[123] Junhong Bai. On Regional Innovation Efficiency: Evidence from Panel Da-

ta of China's Different Provinces［J］. Regional Studies, 2013, 47（5）: 773-788.

［124］González-Loureiro M., Pita-Castelo J. A Model for Assessing the Contribution of Innovative Smes to Economic Growth: The Intangible Approach［J］. Economics Letters, 2012, 116（3）: 312-315.

［125］Miika Varis, Hannu Littunen. SMEs and Their Peripheral Innovation Environment: Reflections from a Finnish Case［J］. European Planning Studies, 2012, 20（4）: 547-582.

［126］Liu M. C., Wang J. C., Wu M. T. Typology and Knowledge Productivity of Regional Innovation System: Evidence from China［J］. Business and Economics, 2014（1）: 49-60.

［127］乔颖, 王永杰, 陈光. 研究型大学在区域创新系统中的地位与作用［J］. 科学学与科学技术管理, 2002, 23（6）: 47-49.

［128］虞晓芬, 李正卫, 池仁勇等. 我国区域技术创新效率: 现状与原因［J］. 科学学研究, 2005（2）: 258-264.

［129］王帅. 开放式创新视角下区域创新系统演化机制及其绩效影响因素研究［D］. 中国科学技术大学, 2016.

［130］项国明. 东北区域创新系统与经济发展协调性研究［D］. 吉林大学, 2009.

［131］Lall S. Technological Capabilities and Industrialization［J］. World Development, 1992, 20（2）: 165-186.

［132］中国科技发展战略研究小组. 中国区域创新能力报告 2006-2007［M］. 北京: 知识产权出版社, 2007.

［133］Amsden A. H., Chu W. W. Beyond Late Development: Taiwan's Upgrading Policies［M］. Cambridge: Mit Press, 2003, 1（2）: 176-177.

［134］Rothwell R. The Impact of Regulation on Innovation: Some U. S. Data

[J]. Technological Forecasting and Social Change, 1980, 17 (1): 7-34.

[135] Fritsch M. Measuring the Quality of Regional Innovation Systems: A Knowledge Production Function Approach [J]. International Regional Science Review, 2002, 25 (1): 86-101.

[136] 连燕华, 马晓光. 我国产学研合作发展态势评价 [J]. 中国软科学, 2001 (1): 54-59.

[137] Etzkowitz H., Leydesdorff L. The Triple Helix – University – industry – government Relations: A Laboratory for Knowledge Based Economic Development [J]. EASST Review, 1995, 14 (1): 14-19.

[138] 李楠, 龚惠玲, 张超. 区域创新驱动发展关键影响因素研究 [J]. 科技进步与对策, 2016, 33 (12): 41-46.

[139] Bollen K. A., Long J. S. Testing Structural Equation Models [J]. BMS Bulletin of Sociological Methodology, 1993, 69 (39): 66-67.

[140] Joreskog K. G. The ML and PLS Techniques for Modeling with Latent Variables: Historical and Comparative Aspects [J]. Systems under Indirect Observation, Part Ⅰ, 1982: 263-270.

[141] Barclay D. W., Thompson R. L., Higgins C. The Partial Least Squares (PLS) Approach to Causal Modeling: Personal Computer Use as an Illustration [J]. Technology Studies, 1995 (1): 54-79.

[142] Chin W. W. The Partial Least Squares Approach for Structural Equation Modeling [J]. Advance in Hospitality and Leisure, 1998 (295): 295-336.

[143] Hair J. F., Sarstedt M., Ringle C. M., et al. An Assessment of the Use of Partial Least Squares Structural Equation Modeling in Marketing Research [J]. Journal of the Academy of Marketing Science, 2012, 40 (3): 414-433.

[144] Moultrie J., Nilsson M., Dissel M., et al. Innovation Spaces: Towards

a Framework for Understanding the Role of the Physical Environment in Innovation ［J］. Creativity & Innovation Management, 2010, 16 （1）: 53-65.

［145］Bramanti A., Senn L. Innovation, Firm and Milieu: A Dynamic and Cyclic Approach ［M］. Innovation Networks: Spatial Perspectives, 1991: 89-104.

［146］Jay W. Forrester. Industrial Dynamics ［M］. Cambridge: MIT Press,1961.

［147］袁利金，蒋绍忠. 系统动态学——社会系统模拟理论和方法［M］. 杭州: 浙江大学出版社, 1988: 26-34.

［148］苏懋康. 系统动力学原理及应用［M］. 上海: 上海交通大学出版社, 1988: 120-123.

［149］严广乐. 系统动力学: 组织学习实验室［M］. 上海: 上海理工大学出版社, 2006: 124-143.

［150］Kaufman L., Rousseeuw P. J. Finding Groups in Data an Introduction to Cluster Analysis ［J］. Wiley, 2009 （2）: 123-129.